안 동
문 화
100선
●❷❻

황만기 黃萬起

경북 안동에서 태어나 안동대학교 한문학과를 졸업하고, 성균관대학교에서 『청음 김상헌 시문학에 나타난 의리정신』으로 문학박사학위를 받았다. 현재 국립안동대학교 퇴계학연구소 학술연구대우교수로 있으면서 문집 번역과 영남 인물 연구를 병행하고 있다. 논문으로는 「만휴정과 영남 선비들의 교류」 등 다수가 있으며, 저서로는 『시서화 삼절의 대쪽 선비 이재 조우인 종가』 등이 있으며, 번역서로는 『약포집』, 『송암집』, 『월천집』, 『학사집』, 『눌은집』 등 다수가 있다.

류종승 柳鍾承

1995년 광고사진 스튜디오에서 사진을 시작하였고, 2011년 안동청년유도회 회원으로 활동하면서 안동의 문화, 유림과 관련된 작업을 주로 하고 있다. 『안동의 서원』, 『협동학교』, 『송재 이우의 삶과 문학』 등의 사진 작업에 참여하였다.

만휴정

황만기 글
류종승 사진

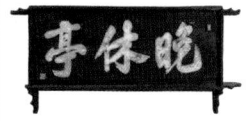

민속원

만 휴 정
차례

01 만휴정 사랑의 장소인가   7

02 안동 누정의 으뜸 만휴정   11

03 보백당 김계행의 삶   17

04 총마계를 통한 우정   35

05 청백리의 표상 김계행   41

06 선비들의 교류 장소, 만휴정   51

07 묵계서원과 묵계 종택   85

08 보백당의 청백 정신 이어가고 지켜내기   97

01

만휴정
사랑의
장소인가

만휴정 전경

　만휴정이 전국 방송을 탔다. 2018년에 tvN 채널을 통해 방영된 드라마 '미스터션샤인' 덕분에 전국에 제대로 홍보되었다. '미스터션샤인'은 1871년 신미양요 이후 조선인들이 의병 활동을 벌인 서사 드라마이다. 방송이 나간 이후 전국에서 이곳으로 발걸음을 재촉하기에 이르렀다. 2019년에는 토요일과 일요일이면 인산인해를 이룰 정도로 많은 인파가 만휴정을 찾았다. 이병헌(유진초이 역)과 김태리(고애신 역)가 만휴정으로 건너가는 돌다리에서 손을 잡은 장면은 매우 인상적이었다. 안동 가송의 고산정과 예천 용문의 초간정도 드라마 장면에 소개되고 있으나 만휴정이 단연 으뜸으로 평가받고 있다. 그리하여 만휴정은 사람들에게 이병헌과 김태리가 사랑을 나눈 장소로 각인되고 있다. '미스터션샤인' 이전에는 2011년에 방영된 '공주의 남자'가 먼저 소개되었다. '공주의 남자'는 2011년 7월 20일부터 2011년 10월 6일까지 KBS 2TV에서 방송된 24부작 특별기획드라마이다. 정치적 숙적이었던 수양대군과 김종서의 두 자녀 이세령과 김승유의 사랑을 다루고 있다. 이 이야기는 조선 순조 연간에서 고종 연간을 살았던 서유영徐有英(1801~1874)이 기록한

드라마에서 이병헌과 김태리에 손을 잡고 있던 만휴정 다리

한문 야담집 『금계필담』의 '수양대군 딸 세희와 김종서의 손자'의 사랑 이야기를 바탕으로 재구성한 인물이다.

만휴정은 '공주의 남자'와 '미스터선샤인' 이 두 드라마 촬영지였으나 지금은 '미스터선샤인'이 더 유명세를 받고 있다. 왜일까. 이는 사람들의 문화적 수준의 향상에서 그 배경이 현재와 가까운 구한말 시대를 배경으로 다룬 영향일까? 문제는 어느 작품이 더 사람들의 눈높이에 저격한 드라마였는지가 중요한 것이 아니다. 만휴정은 정자 그 자체로서의 의미가 매우 풍부한 콘텐츠를 가지고 있다. 16세기 초 1501년에 보백당寶白堂 김계행金係行(1431~1517)이라는 분이 71세의 고령에 세속을 피해 인적이 드문 안동시 길안면 묵계촌 송암동 계곡에 만휴정을 지어 자신 내면을 수양하고 학문을 닦은 장소라는 인식을 바탕으로 만휴정의 의미를 되새겨야 한다. 필자는 이제 드라마 촬영지로써의 만휴정이 아닌 사색의 공간, 학문의 공간, 청백의 상징, 지조의 상징으로서의 의미를 부각하고자 한다.

02

안동 누정의
으뜸 만휴정

당唐나라의 시인이자 문장가인 유우석劉禹錫은 그의 「누실명陋室銘」에서 "산은 높은 것이 중요한 게 아니라 신선이 있으면 이름이 나고, 물은 깊은 것이 중요한 게 아니라 용이 있으면 신령해진다."라고 하였다. 산과 물이 이름나게 되는 것은 그 자체로서 알려지는 것이 아니라, 신선이 사는 산이냐 용이 깃들어 숨 쉬고 있느냐에 달려 있음을 말한 것이다. 길안면 묵계리에는 산수경관이 빼어난 만휴정이 자리하고 있다. 유유석의 언급에서 보듯이 정자가 이름나게 되는 것은 정자의 멋진 모습이나 주위 경관이 아니다. 그 정자에 과연 어느 시대 어떤 분이 살았느냐에 따라 이름난 정자가 되느냐 그렇지 못하느냐가 결정되는 것이다. 주지하다시피 만휴정은 청백의 상징인 보백당 김계행의 정자이다. 수려한 자연경관에 훌륭한 인물이 이곳에서 강학 활동을 했으니 금상첨화가 아닐 수 없다.

김계행과 필자와는 3가지 공통점이 있다. 첫째, 태어난 곳이 같다. 보백당은 안동시 풍산읍 불정촌에서 태어났고, 필자는 안동시 풍천면 인금리에서 태어났다. 현재는 풍산읍과 풍천면이 행정구역이 분리되어 있으나 조선시대에는 풍천면도 풍산현 관할 지역이었다. 둘째, 태어난 간지干支가 같다. 보백당과 필자 모두 신해년에 태어났다. 보백당이 발표자보다 아홉 갑자(540년) 빨리 태어난 것이다. 셋째, 보백당의 별업이 '만휴정晩休亭'이고, 필자의 15대조이신 황귀성黃貴成(1538~1605)은 임란공신으로 임진왜란이 종식된 뒤에 고향인 풍천면 인금리로 귀향하여 만휴대 위에 만휴당을 지어 노년의 은거적 삶을 영위하였고 자호를 '만휴당晩休堂'이라 하였다. 만년에 자연을 벗 삼아 학문을 익히면서 늙고자 하는 뜻은 같은 것이다.

안동은 '누정의 도시'이다. 안동지역은 타 지역에 비해 누정의 수가 현저히 많다. 전국적인 분포면에 있어서 경상도 지역(1295)이 강원도(174)나 충청도(219) 지역에 비해 월등히 많고 전라도(1070) 지역보다도 200곳이 더 많은 것으로 되어 있다. 또 경상도를 중심으로 살펴보면 안동지역(97)이 가장 많은 것으로 나타나고 있으며, 예천(79), 청송(61), 의성(57), 문경(59) 등 경상남도에 비해 경상북도 지역에 많이 분포되어 있다. 이러한 현상은 물줄기를 중심으로 주변에 씨족과 동족 마을을 형성하고 있는 것과 관련이 깊다. 황지에서 발원한 황지천은 낙동강의 원줄기로 청량산을 거쳐 예안, 와룡을 지나 안동호를 형성하고 있으며, 안동호 건립 이전부터 안동지역의 젖줄이 되어 왔다. 또 청송 파천면에서 시작된 용전천은 반변천의 원줄기로 길안의 길안천과 합류하여 임하를 거쳐 선어대를 지나 흘러오다가 귀래정 앞 와부탄에서 안동댐에서 내려오는 물과 합류하여 하류로 흘러간다. 그리하여 안동지역 정자들은 대부분 낙동강과 반변천 주변에 형성되어 있다.

정자를 지은 배경을 들여다보면 중앙정계에서의 구속되고 억압받는 삶보다는 지방으로 내려와 은거적 삶을 향유하려는 의식과 무관하지 않다. 이들은 정치적·정파적 갈등에서 벗어나 자연과의 교감을 통한 정신적 자유를 누리고자 자연경관이 빼어난 산·강·계곡 등을 찾아 누대나 정자를 경영하게 된다. 이는 행휴行休의 기로에서 유자가 취하는 유가의식과 관련성이 있으며 천인합일의 정신에 기초하여 자연환경과 인문환경의 조화를 중시한 결과이기도 하다. 이런 유가의 정신에서 경영된 정자는 입지조건에 따라 산정山亭·계정溪亭·강정江亭·해정海亭·지정池亭·암정巖亭으로 구분되고, 경영의 형태에 따라 유상지소遊賞之所·강학지소講學之所·장수지소藏修之所·추모지소追慕之所 등으로 나눌 수 있다.

안동에서 농쪽으로 20㎞ 정도 가면 길안면소가 나온다. 길안은 예나 지금이나 안동의 관할 지역이었다. 본래 길안부곡吉安部曲인데, 고려 충혜왕忠惠王 때에 현縣으로 승격되어 조선시대 이후로는 줄곧 안동의 속현이 되었다. 길안면소에서 다시 영천방면으로 6㎞정도 가다가 보면 묵계서원이 위치한 마을이 보이는데, 이곳이 묵계이다. 묵계는 거묵역居默驛 혹은 거무역居無敷으로 불리기도 하였으나 보백당 김계행이 이곳에 우거하면서 묵촌默村으로 개칭하였고, 앞의 냇물을 묵계라 개명함으로 인해 지금의 묵계 마을이 탄생하게 되었다. 산수山水의 보고寶庫인 묵계는 굽이진 물과 긴 여울이 작은 언덕을 감아 휘돌아 흐르고, 줄지은 골짝과 모인 봉우리는 원기를 감싸고 빙 둘러 지키고 있다. 묵계 개울 건너 오른편 송암동천松巖洞天으로 조금 걸어 올라가면 외부에서는 전혀 상상할 수 없는 비

만휴정 아래 송암동 폭포

경이 시야를 흥분시킨다. 특히 골짝에서 비롯된 작은 물줄기가 송암동에 이르러서 힘차게 쏟아지는 송암동폭포와 100명이 넘는 인원을 수용할 수 있는 널찍한 반타석을 배경으로 위치한 정자 하나가 의연한 자태로 자리해 있다. 이 정자가 바로 안동김씨 보백당 김계행이 건립한 만휴정晩休亭이다. 김계행은 1501년 그의 나이 71세 때 무오사화라는 정치적 파장에서 벗어나고자 길안 묵계의 송암동 폭포 위에 자신의 별서를 경영하기에 이른다. 만휴정은 입지조건으로는 계정, 경영의 형태로는 장수지소에 해당한다. 만휴정은 그 입지조건이나 조영기법이 흠잡을 수 없을 정도로 완벽하다. 그러므로 현대인의 몸과 마음을 치유하는 명상의 공간으로 활용해도 좋을 것이다.

03

보백당 김계행의 삶

보백당 김계행의 삶에 대해서는 경옥景玉 이보李簠(1629~1710)의 유사, 밀암密菴 이재李栽(1657~1730)의 행장, 눌은訥隱 이광정李光庭(1674~1756)의 묘갈명, 그리고 구전苟全 김중청金中淸(1567~1629)이 편찬한 연보를 중심으로 서술하기로 한다.

김계행의 성은 김씨이고, 본관은 안동이며, 고려 태사 김선평의 후예다. 김선평은 고창군古昌郡의 성주城主로서 930년(고려 태조13)에 권행權幸, 장정필張貞弼 등과 함께 태조를 도와 후백제의 견훤甄萱을 고창군에서 대파하는 공을 세우고 대광大匡이 되었다. 이로 인해 고창군이 안동부安東府로 승격되었다. 고창군은 지금의 안동이다. 사후에 향인들이 그의 공덕을 잊지 않고 사당을 세워 제사를 지냈다. 지금 안동부 안에 있는 태사묘가 바로 이것이다. 김선평에 대한 문헌자료는 많지 않다. 후손인 농암 김창협은 안동시 서후면 태장리에 김선평의 묘단을 설치하면서 그 배경에 대해서 자세히 기록해 두고 있어 이해에 도움이 되고 있다.

> 시조이신 태사 김공金公 휘 선평宣平은 신라 말에 고창성古昌城의 성주였다. 고려 태조가 견훤甄萱을 토벌할 적에 공이 권행權幸, 장길張吉과 함께 군郡을 가지고 귀의하자, 태조는 그 지역을 얻어 마침내 병산甁山 전투에서 승리하였다. 그 때문에 의롭다는 명성이 더욱 퍼져 마침내 견훤을 멸망시킨 것이니, 이는 본디 공 등 세 사람의 힘이었다. 공훈을 표창할 때 맨 먼저 공을 대광大匡으로 삼고 권행과 장길을 대상大相으로 삼은 다음, 세 사람 모두에게 삼한 벽상공신三韓壁上功臣의 칭호를 내리고 태사 벼슬을 시켰으며, 고창을 안동부安東府로 승격시켰다. 공이 별세한 뒤에 안동 백성들이 공의 공덕을 기리며 관부官府에 사당을 세우고 권행, 장길 두 태사와 함께 나란히 향사享祀하였는데, 지금까지 향사가 끊이지 않고 있다. 이 일은 퇴계退溪 이 문순공李文純公이 지은 기문記文에 실려 있다.
> 공이 고창을 다스릴 때에 신라는 이미 운이 다하여 역적 견훤이 임금을 핍박하였으니, 반드시 복수하는 것이 의리였다. 그러나 공의 상황은 외로운 성 하나를 가지고 역적의 군대와 충돌하면 자립하지 못하여 큰일을 이룰 수 없는 형세였다. 그래서 계책을 세워 고려에 붙어서 함께 원수를 멸망시킴으로써 그 의리를 스스

로 폈다. 이는 장량張良이 한漢나라를 도와 진秦나라와 초楚나라를 멸망시킴으로써 한韓나라의 원수를 갚은 일과 매우 흡사한 것으로, 그 유풍에 격발되어 백성들도 용감히 의리를 지켰다. 이를테면, 야별초夜別抄와 홍건적紅巾賊의 난 때 백성들이 모두 죽을힘을 내어 임금을 보호함으로써 아름다운 풍속을 이루었으니, 공은 참으로 이 지방에 은덕을 끼쳤다 할 수 있고, 사당의 향사를 백세토록 누리는 것이 당연하다 할 것이다. 그런데 공의 묘소는 오랜 세월 속에 그 처소를 알 수 없었다. 『동국여지승람東國輿地勝覽』에는 부府의 서쪽 옛 태장리台莊里에 있다고 기록되어 있는데, 증조부 문정공文正公 김상헌金尙憲 부군府君께서 일전에 일가를 이끌고 두루 찾으러 다니며 글을 지어 천등산天燈山에 기도하기까지 하였으나 끝내 찾지 못하였다. 부의 서쪽 10여 리 되는 곳에 태장봉台莊峯이라는 봉우리가 있는데, 바로 천등산의 왼쪽 산기슭이다. 그 아래는 지명이 당동堂洞인데, 나무하고 사냥하는 촌사람들은 모두 태사묘동太師墓洞이라고 부른다. 숭정崇禎 병인년에 일가 김인金塡 등이 그 이름을 가지고 찾아 그곳에 가 보니, 신씨申氏 성을 가진 사람들이 여러 대에 걸쳐 매장되어 있었는데, 그중 한 무덤 뒤 10여 보쯤 되는 곳에 오래된 무덤 같은데 평평한 것이 있었다. 그곳은 섬돌 바깥쪽의 둘레와 너비, 무덤의 둘레를 분별할 수 있었는데, 아마도 규모가 큰 무덤인 듯했고 그 형국形局과 안대案對가 또 대부분 옛 전적 및 시골 부로父老들의 기억과 일치하였다. 그리하여 열에 여덟, 아홉은 증명할 수 있었고, 또 들리는 말에 신씨 성을 가진 사람을 매장할 적에 실은 두 기基의 옛 무덤을 파내어 다른 곳에 옮겨 묻었으며, 또 섬돌 아래에 묻혀 있던 지석誌石 같은 돌을 발견하고는 숨겼다고 하니, 더욱 의심스러웠다. 이에 일가가 함께 그 일의 전말을 갖추어 고을에 소송을 제기하자, 고을에서 조사하여 과연 옛 무덤을 파낸 실상을 알아내었다. 그리하여 즉시 신씨 성을 가진 사람의 무덤을 파내었으나 돌은 끝내 발견되지 않아 태사공의 무덤이라는 증거를 댈 수 없었고, 고을에서도 그 일을 끝까지 밝히려 하지 않아 일이 결국 중단되고 말았다. 그렇게 시간이 흘러 어쩔 수 없게 되자, 어떤 사람이 말하기를, "우리 태사공은 신라, 고려의 교체기에 공을 세워 역사책에 이름이 실려 있으며 고을에 은택을 끼쳤다. 자손들이 그 음덕陰德으로 번성해졌다고 할 수 있는데, 의관衣冠이 묻힌 곳을 잃어버려 수백 년 동안 성묘 한번 하지 못하였다. 이제 다행히 진짜 묘소를 찾았으나 간악한 사람에게 점유 당하여 산소가 훼손되고 비석이 사라지는 바람에 끝내 진실을 증명하고 봉축封築할 수 없게 되었으니, 애통하고 근심스럽다. 신조에 대한 추모의 마음을 어떻게 위로할 수 있겠는가. 그러나 옛날 제사 지내는 방법 중에는 본디 묘소가 바라다보이는 곳에 제단祭壇을 세워 제사하는 경우가 있었으니, 지금 그것을 본떠 제단을 만들어서 찾아오는 사람들은 선조의 체백體魄이 묻힌 곳처럼 느끼게 하고 밭 갈고 나무하고 소먹이는 사람들도 감히 함부로 들어오지 못하게 한다면, 예법상 괜찮을 것이다." 하였다. 모두들 그렇겠다고 동의하므로 마침내 제단 터를 잡고 모년 모월 모갑자에 당동 안에 땅을 고르고 제단을 만들었다.

김계행의 고조 김의金義(뒤에 근중斤重으로 개명함)는 벼슬이 정의대부正義大夫 예빈시 판사禮賓寺判事를 지냈다. 증조 김득우金得雨는 중현대부中顯大夫 전농 정典農正을 지냈고, 조부 김혁金革은 초명이 김용장金用莊이고, 호가 아옹啞翁이며, 1370년공민왕19에 정몽주鄭夢周·이색李穡·이인복李仁復 등과 함께 신돈의 죄를 탄핵하는 소를 올려 이듬해에 신돈이 주살되었다. 벼슬은 통사랑通仕郎 합문 봉례랑閤門奉禮郎을 지냈다. 아버지 김삼근은 생원生員으로 선교랑宣敎郎 비안 현감比安縣監을 지냈고, 어머니는 상락김씨로 삭녕감무朔寧監務 김전金腆의 따님이다. 아들 둘을 낳았는데 맏이가 김계권金係權이고, 둘째가 바로 보백당寶白堂 김계행金係行이다.

보백당은 1431년(세종12) 2월 9일 미시未時에 안동부 서쪽 풍산현 남쪽 불정촌佛頂村 마을에서 태어났다. 불정촌의 정확한 위치를 비정하기 어려우나 지금의 풍산읍 안교리 일대로 추정하고 있다. 김계행의 조부인 김득우金得雨가 풍산류씨 입향조인 류종혜柳從惠의 숙부인 류개柳開의 사위로 됨으로 인하여 안동시 정상동 강정촌에서 불정촌으로 이거移居한 것으로 보인다. 류개는 사복경司僕卿 서운 정書雲正으로 치사하였으며 묘소는 학가산 감대곡廿大谷에 있다. 김득우의 아들 김삼근은 불정촌에서 다시 소산리(현 소산1리)로 이거하였다.

보백당은 다섯 살 때에 처음으로 글자를 익히게 되었는데, 부친 비안현감 김삼근이 글을 가르치니 곧장 이해하고 오래도록 잊지 않았다. 성품은 침착하고 과묵했으며 같은 또래들과 어울리기를 즐겨하지 않았다. 사람들은 이미 장래에 훌륭한 그릇이 될 것임을 알았으며, 부친도 기대하는 바가 커서 "멀지 않은 앞날에 반드시 우리 집안은 일으켜 세울 것이니, 문학文學은 염려할 바 아니다."라고 하였다.

10세에 비로소 입학하니 번거롭게 해석해 주지 않아도 문의에 통달하였고, 독려가 없어도 부지런히 송독하였다. 12세에 독서를 좋아해서 손에서 책을 놓지 않았다. 입학한 지 몇 년 만에 문예가 크게 진보하였다. 14세가 되던 10월에 부친이 비안 임소任所로 가게 됨에 그곳 비안향교에서 학업을 익혔다. 이듬해인 15세에 동학東學에 나아가 『중용』과 『대학』을 수학하였다. 이때 유생들이 처음 과거에 응시하려고 사학四學에 나아가 『중용』과 『대학』을 강하였는데, 정진하고 열성적이라고 칭찬받았다.

보백당은 16세 때 가을 생원시에 합격하였고, 이듬해 봄에는 생원회시生員會試에 합격하게 되자 부친 김삼근이 아들의 합격을 축하하고자 비안 관아에서 잔치를 크게 열어 지역민들과 기쁨을 함께 나누었다. 가을에는 동복 현감 서운徐運의 딸인 이천서씨利川徐氏를 부인으로 맞이하였는데, 이때 나이 17세였다. 이천서씨를 얻을 때의 황희黃喜(1363~1452)와의 재미있는 일화가 전한다.

> 첫째 부인 서씨의 부친은 동복 현감同福縣監 서운徐運이다. 서운이 용궁에 살고 있을 때 그의 딸과의 혼담이 오고 간 것은 황희黃喜 정승의 아들이었다. 혼담이 성사되자 황희는 혼인을 위해 아들을 데리고 문경聞慶에 와서 유숙하였다. 그러다가 혼인날 아침이 밝자 길을 재촉하였는데, 서운과 이웃하여 살고 있는 사람이 길에서 뵙기를 청하였다. 그는 서운과 사이가 좋지 않아 그 혼인을 방해할 속셈이었다. 황희가 서씨의 됨됨이에 대해 묻자, 다른 것은 잘 모르겠으나 소경이라는 말

은 들은 듯하다고 대답하였다. 그러자 황희는 펄쩍 뛰며 바로 사람을 보내 혼인 약속을 파하였다. 이에 서운도 크게 노하였다. 이때 마침 김계행의 부친이 비안 현감으로 있을 때이고, 김계행은 처음 진사가 되어 한양에서 비안으로 친영하러 와 있던 참이었다. 그러던 차에 어느 날 서운이 사람을 보내 혼담을 건네 옴으로써 혼인이 이루어졌다. 혼인하던 날 서운은 상주尙州 본가에 와 있던 황희에게 사람을 보내 자기 딸의 소경 모습을 한 번 보라고 요청하였는데, 이에 황희는 아들의 유모를 보냈다. 하지만 혼인날 신부 자리에 있는 처자가 소경이 아니라 용모가 너무 아름다운 규수인 것을 보고 유모는 통한의 눈물을 흘렸고, 이를 전해 들은 황희 역시 자신이 서운의 이웃 사람에게 속은 사실을 알고 후회하였다. 그러고는 서운의 둘째 딸에게 혼담을 넣어 성사하였다고 전한다. (류성룡의 영모록)

　서씨부인은 보백당과의 결혼 생활은 겨우 6년에 불과하였다. 보백당의 나이 23세 때인 1453년 2월에 슬하에 딸 둘만 두고 운명하였다. 장녀는 박눌朴訥에게 출가하였고, 차녀는 류자온柳子溫에게 출가하였다. 박눌의 다섯 아들은 거린巨鱗·형린亨鱗·붕린鵬鱗·홍린洪鱗·종린從鱗으로, 모두 문과文科에 급제하여 높은 지위에 올랐다. 류자온은 네 아들을 두었는데, 공작公綽은 군수이고, 공권公權·공석公奭·공계公季이다. 류공작의 손자가 바로 서애西厓 류성룡柳成龍이다.
　보백당은 이듬해인 1454년 10월에 의령남씨 남상치의 딸에게 장가들었다. 보백당의 다섯 아들인 극인克仁·극의克義·극례克禮·극지克智·극신克信은 모두 의령남씨 소생이다.
　보백당은 32세 대인 1462년에 성주교수에 임명되어 이듬해에 임지에 당도하였다. 이에 앞서 장조카인 학조대사가 출가出家하여 국사國師가 되었다. 이때 학조대사가 세조의 총애를 빙자하고 위세를 부릴 때였는데, 하루는 성주에 이르러 성주향교로 가서 숙부를 배알 하려 하니 성주목사가 이르기를 "국사國師께서는 수고로이 거동하실 필요必要가 없습니다."라고 하면서 사람을 보내어 보백당을 맞으려 했으나 보백당이 가지 않았다. 이에 학조대사는 하는 수 없이 직접 가서 보백당을 찾아뵙자 보백당이 이르기를, "너는 왕의 은혜만 믿고 교만을 자행하느라 늙은 숙부를 찾아오지도 않고 도리어 늙은 숙부로 하여금 너를 찾아오게끔 하느냐?"라고 하며 학조대사를 꾸짖으며 매질하니 피가 날 지경이었다. 얼마 뒤에 국사가 "숙부님께서 오랜 세월 과거 공부에 고생하시온데 만약 벼슬을 하실 뜻만 있으시면 힘써 드리겠습니다." 하고 말하니 보백당은 "너로 인해서 벼슬을 얻는다면 무슨 면목으로 세상 사람들을 보겠느냐?"라고 답하자, 학조대사는 두 번 다시 말하지 못하였다고 한다.

보백당은 35세 때인 1465년 8월에 부친상을 당하여 예천군 동쪽 직곡稷谷 곤좌坤坐의 언덕에 장사하였다. 부친상을 치르면서 조석으로 죽만 먹었으며 1년이 되도록 다과조차 물리쳐 몸이 쇠약하여 목숨을 부지하기가 어려울 뻔하였다. 이런 상황에도 여막을 지키며 예서禮書를 읽고 그 밖에 상사喪事가 아니면 말하지 아니하고 날마다 슬픔으로 성묘하였으며, 아무리 험궂은 날씨에도 단 한 번 그만둔 날이 없었다.

김계행은 41세 때인 1471년 4월에 점필재佔畢齋 김종직金宗直(1431~1492)과 도의지교를 맺고서 함께 『주역』과 『근사록』을 강론하였다. 둘 사이는 단순한 만남이 아니었다. 서로 오가면서 친분을 돈독히 하였다. 김계행의 46세 때인 1476년에는 풍산 설못[筍堤] 옛 집으로 점필재 김종직이 찾아왔고, 이듬해 2월에는 김계행이 상주에 있던 김종직을 찾아가기도 하였다. 보백당의 강직함이 조정에 용납되지 않아 그의 나이 52세에 외직인 고령현감高靈縣監으로 나가게 되었는데, 백성들을 위해서는 자혜로우며 청렴하고 근신함을 스스로 지키며 매사를 신속히 처리하였다. 몇 달이 안 되어 교화가 잘 보급되고 기강이 바로 서서 官民 모두가 감히 법을 범하지 못하였다. 고령현감으로 갈 때 김종직이 자신의 몽시夢詩 1수와 증별시 2수에 소서小序를 곁들인 것을 『점필재집』에서 볼 수 있다.

소산2리 설못[箾堤]

11월 8일 밤 꿈에 나귀를 타고 산수 사이에서 노닐다가 지난해에 급제한 친구 김계행과 서로 만났는데, 그가 말하기를 "내가 사헌부감찰로 있다가 남의 배척을 받아 파면당하고 성현도 찰방이 되었다."라고 하면서, 마치 관부에서 이른바 '격'이라는 것과 같은 방판에 그 일의 시말을 기록하여 나에게 보여 주었다. 그래서 나는 그것을 다 읽고 나서 그 글자들을 깨끗이 지워 버리고 거기에 시를 써서 주려고 했는데, 미처 다 이루지 못하고 꿈을 깨었다. 그런데 맨 앞의 연구만 기억이 나므로 거기에 이어서 한 편을 이루는 바이다. 김계행은 나이 오십 세가 넘어서 급제하였다.

十一月初八日夜, 夢騎驢薄遊山水間, 與故人前年及第金繼行相遇, 云:我以司憲監察爲人所排而罷, 爲省峴道察訪, 用方版如官府所謂檄者, 錄其事始末以示. 余讀之旣, 揩洗其字, 題詩以贈, 未成而覺. 但記前聯, 遂足成之. 金過五十得第.

과거 급제가 늦은 것이 아니며	桂籍非遲暮
마음대로 사헌부를 떠나고 머무르네	烏臺任去留
남들이 좌천된 행보라 말하지만	人言行或泥
하늘이 그댈 위해 꾀한 것이리라	天且子爲謀
방판 위의 글씨가 살아 움직이고	檄上雲煙動
나귀 가에는 수석이 그윽하였네	驢邊水石幽
감찰의 직무보다 오히려 좋나니	猶勝茶酒務
역참에서 우유자적 할 수 있다네	程驛可優遊

김종직은 조정에서 배척받아 사헌부감찰에서 성현도찰방省峴道察訪으로 좌천된 보백당을 위로하고 있다. 골치 아픈 사헌부의 감찰 업무보다는 찰방으로 있으면서 산천을 벗 삼아 유유자적할 수 있는 장점이 있다고 하면서, 자책하며 주눅들지 말고 오히려 힐링의 기회로 삼으라는 당부를 하고 있다. 또 다른 글을 살펴보자.

신축년(1481)에 내가 일찍이 꿈에 감찰 김계행과 서로 만났던 일을 기억하고 있는데, 지난해에 내가 은명恩命을 받고 서울로 돌아와 두 차례 김군과 만났으나 끝내 그 꿈 이야기를 하지 않았었다. 그런데 올해 가을에 김군이 어떤 일로 조정에 용납되지 못하여 고령 현감으로 나가게 되었으니, 비록 그 직임이 찰방은 아니지만 나의 꿈이 과연 증험이 있는 것이다. 그래서 마침내 그 일을 말하니, 김군 또한 껄껄 웃었다. 그리하여 지난번의 운을 사용하여 두 수를 지어서 애오라지 이것으로 전별하는 바이다.

辛丑歲, 僕嘗記夢與金監察繼行相遇事. 前年被恩命還京, 再與金君遇, 終不言夢事. 今年秋, 金君以事不容於朝, 出爲高靈縣監. 雖非程驛之任, 余之夢果有徵也. 遂語其事, 金亦大噱, 仍用前韻賦二首, 聊以贐行云.

가야는 옛날의 등설과 같으니	伽倻古滕薛
좌천이 중앙에 봉해짐보다 나으리	謫宦勝封留
죽순과 생선은 먹는 흥취 제공하고	筍鱻供廚興
시내와 산은 볼거리를 부여해 주네	溪山與目謀
풍속 순박하니 백성의 삶이 조용하고	風淳甿保靜
관청 한가하니 주거지가 그윽하도다	官冷屋廬幽
내가 옛날 아버님 모시던 곳이라	昔我趨庭處
자유의 현가 소리가 기대되누나	絃歌待子游

    고령은 옛 대가야大伽倻 지역이다. 이곳은 신라 말기의 학자이자 문장가로, 12세에 당나라에 유학하여 18세에 빈공과에 장원하여 활동하다가 28세에 신라로 돌아온 최치원崔致遠(857~?)이 은거하던 곳이다. 등설滕薛은 춘추시대에 독립된 두 소국小國인 등滕나라와 설薛나라를 말하는데, 대가야가 고대 오가야五伽倻의 하나인 소국小國이기 때문에 이렇게 비유한 것이다. 마지막 8구의 자유의 현가 소리는 지방관으로서 선정善政하는 것을 비유한 말이다. 공자孔子의 제자 자유子

游가 무성武城의 원이 되어 예악禮樂을 가르침으로 인하여 그 고을 사람들이 모두 거문고를 타고 시가를 읊었다는 데서 온 말이다. 이어지는 시를 살펴보자.

찰방의 직임은 참소가 아니고	郵官非是讒
도현은 충분히 머무를 만하다오	桃縣足淹留
정히 삼도의 꿈이 맞았으니	正協三刀夢
많은 토지는 경영하기 어렵네	難營二頃謀
어찌 공문서에만 얽매이겠는가	簿書寧局促
꽃과 대나무 더욱 맑고 그윽하다네	花竹更淸幽
유선(최치원)의 자취 찾고자 한다면	欲訪儒仙跡
가야산에 올라 유람해야 하리라	倻山峠上游

2구의 도현桃縣은 무릉도원 같은 고을, 즉 고령을 말한다. 3구의 삼도의 꿈이 맞았다는 말은 지방관이 되었음을 뜻한다. 진晉나라 때 왕준王濬이 어느 날 밤에 칼 세 자루를 들보에 걸어 놓고 조금 뒤에 한 자루를 더 걸어 놓는 꿈을 꾸고는 이를 불길하게 생각하였는데, 주부主簿 이의李毅가 말하기를 "삼도三刀는 바로 고을 주[州] 자인데, 하나를 더했으니 익주益州가 되므로 익주태수가 될 길몽이다."고 하더니, 뒤에 과연 그렇게 되었다는 고사에서 온 말이다. 7구와 8구에서 최치원에 대해 언급하고 있는데, 28세에 당나라에서 신라로 돌아온 최치원은 육두품 출신의 신분적 제약으로 벼슬길이 막히게 되자 가족을 이끌고 가야산으로 들어가 독서당을 짓고 독서하였고, 홍류동 계곡에는 그가 새긴 글씨의 흔적이 여전히 남아 있다. 그가 마지막으로 해인사海印寺에 들어가 동모형同母兄인 승려 현준賢俊과 함께 지냈는데, 그 뒤의 행적은 알려진 것이 없다.

보백당은 김종직 뿐만 아니라 성희증成希曾, 성희안成希顔(1461~1513) 형제와도 교분이 있었다. 성희증은 본관이 창녕昌寧, 자가 노옹魯翁, 호가 남재南齋이다. 성희안의 형으로 출생 연도에 대해서 자세하지 않다. 1480년 식년시 문과 방목의 기록을 보면 성희증은 병과 9위였고, 보백당은 병과 21위였다. 성희증은 홍문관 교리·정자를 지냈으며, 일두一蠹 정여창鄭汝昌에게 수학하였다. 성희안은 자가 우옹愚翁, 호가 인재仁齋, 시호가 충정忠定이다. 1485년 성종16에 문과에 급제하였다. 연산군의 폭정이 심해지자 박원종朴元宗·유순정柳順汀 등과 함께 반정反正을 도모하여 성공한 뒤 창산군昌山君에 봉해지고 정국 공신靖國功臣 1등에 책록되었다. 이후 벼슬이 영의정에 이르렀고, 중종中宗의 묘정에 배향되었다. 김계행은 50세의 늦은 나이에 문과에 급제하여 51세 때에 조정에 발을 들여다 놓기 시작하였다. 이때 성희안은 예문관에서 명성을 떨치고 있었으나 30세 많은 보백당을 깍듯하게 예우하였다. 성희증은 보백당과 함께 자주 찾아와 거리낌 없이 대화함으로써 마음으로 통하였다.

보백당은 67세에 간악한 權臣들이 국정을 맡아 날로 정사를 그르쳤고, 일부 궁녀들 중에는 임금의 총애만 믿고 온갖 방자한 행동을 일삼는 폐단이 있었다. 이에 보백당이 소를 올려 이를 논책함에 말이 매우 개절凱切하였으나 받아들여지지 않자, 보백당은 어찌할 수 없음을 감지하고 체직을 빌어 고향으로 돌아왔다. 고향으로 돌아온 그는 사제笥堤[설못] 집 옆에 작은 집을 짓고 '보백당寶白堂'이라 이름 붙였다. 보백당은 일찍이 시에서 "우리 집엔 보물이라곤 없나니, 있다면 청백만이 보물이다."라고 한데서 당호를 붙이고 자신의 아호로 삼았다. 김계행은 보백당을 지어 놓고 날나나 이곳에서 조용히 거처하며 성현이 남긴 글을 깊이 연구하며 생도들을 가르침에 정성을 다하니, 원근의 선비들이 많이 모여들었다. 이때 이극돈李克墩·유자광柳子光 등이 무고하여 무오사화를 일으켰는데, 김종직의 친분이 있었다는 이유로 체포되어 고문을 당하다가 얼마 뒤에 석방되었다.

무오사화의 배경은 이러하다. 김종직의 제자인 탁영濯纓 김일손金馹孫(1464~1498)이 사간원 헌납으로 있을 때 권귀權貴들에게 굽힘이 없이 직언하였다. 이극돈은 그 직언이 자기에게 절박함을 미워하여 마음속으로 벼르고 있었다. 마침 이극돈이 실록청당상實錄廳堂上으로 있었는데, 김일손이 사관이 되어 자신의 악행을 빠짐없이 다 기록한 보고서 미워하는 마음이 더욱 사무쳤다. 그리하여 이는 세조 때의 일을 쓴 것이라는 핑계로 맺었던 한을 풀려는 의도로 유자광과 몰래 도모하였다. 유자광 또한 김종직이 함양의 현판을 철거한 일을 늘 한스럽게 여기고 있던 터라 이에 이르러 두 사람은 팔을 걷어붙이고 합세하여 노사신盧思愼·윤필상尹弼商 등과 함께 밤낮으로 도모하여 옥사를 일으키려 하였다. 점필재의 「조의제문弔義帝文」의 해석을 가지고 연산군의 분노를 충동질하면서, "이는 세조를 가리켜 지은 것이며 김일손의 죄악은 다 그의 스승인 김종직의 가르침으로 말미암아 이룩된 것입니다."라고 하니 연산군이 대노하여 대역죄로 몰아 김일손은 결국 참화를 당하고 김종직은 부관참시를 당하니 일시에 명현들이 거의 다 유배되거나 처형되었다. 보백당은 어세겸魚世謙·성희증成希曾·조호문趙好問 등 10여 명과 함께 태장을 맞고 석방되었다.

그러나 이듬해 2월에 또 옥사에 나아갔다. 이유인즉 도승지 신수근愼守勤이 연산비燕山妃 신씨愼氏의 오빠인데, 보백당이 사간원에 재직할 때 여러 번 외척과 애첩에 관계하여 직언한 바 있었다. 그리하여 신수근이 이를 마음으로 시기하고 있던 터라 노사신盧思愼·한치형韓致亨 등과 모의하고 선동하기를, "지난해 국청을 설치한 때에 사건의 잔당들을 다 제거하지 못하였으니 반드시 뒷날의 우환이 될 것입니다."하고 계청啓請하였기에 다시 국청鞠廳을 열렸다. 이때 보백당이 국정鞠庭에 들어서자 많은 사람들의 원망과 시기가 가득하여 앞날을 가늠키 어려웠는데, 다행히 구원의 손길이 있어 무사하게 되었다.

보백당은 나이 70세에 또 연산군이 지난 일로 또다시 구금되었다가 5개월 만에 방면放免되어 고향으로 돌아왔다.

이듬해인 1501년 3월에 묵계촌에 우거하기에 이른다. 그리하여 송암동松巖洞 폭포 위에 정자를 짓고 '만휴정晩休亭'이라 이름하였으니, 이는 만년에 휴식한다는 뜻을 담은 것이다. 김계행이 풍산에서 길안 묵계로의 이주를 준비한 시점은 45세 때이다. 자신은 여전히 설못에 머물러 있으면서 맏아들 김극인을 보내어 묵계에 우거寓居토록 하였다.

보백당은 81세 때인 1511년 2월에 내외 종족과 인친들이 모두 모여 헌수를 올릴 때 내외의 자질손子姪孫에게 경계의 메시지를 남겼다. 이때 자질손子姪孫 중에 대소과大小科에 급제한 자가 10여 명이나 되고 관직에 있는 자가 7인이나 되다. 또한 지방수령들이 문전을 메우고 귀객들이 당에 가득하여 보는 자마다 부러워하지 않음이 없었다. 그러나 보백당은 경계와 신칙을 더욱더 가하면서 "너희들이 연달아 과명科名을 점유한 것은 다행한 일일 것이다. 그래서 고을 사람들이 간혹 나더러 복이 많다고 하겠지만 나는 지나치게 가득하여 두려움만 더해지니, 너희들은 몸가짐을 삼가고 사람을 접함에 있어 정성을 다하며 경박한 일로 죽어가는 노옹老翁을 더럽히지 말라."라고 경계의 가르침을 남겼다.

보백당은 홀로 있을 때나 남과 함께 있을 때나 늘 한결같은 마음으로 몸가짐을 바르게 하고 남에게는 정성을 다하였다. 자신의 몸가짐은 삼가고 조심하며 매사를 단속하고 또 단속하였다. 반면 남과 접할 때는 언제나 충심으로 대하고 독실하였다. 이를테면 표리가 상응하고, 언행이 일치하였다. 이런 그의 정신은 청백의 정신으로 구현되었고, 또 이를 자손들에게 유훈으로 남겼던 것이다.

보백당은 또 죽음을 맞아 자질子姪과 종손從孫인 삼당三唐 김영金瑛을 불러 다음과 같이 유계遺誡하였다.

집안 대대로 전해 오는 청백의 정신을 자손 대대로 공근恭謹하게 지킬 것이며 효우孝友하며 화목하게 시내라. 너욱이 선조의 훈계를 소중히 여겨 너희들은 하나하나 준수할 것이며, 태만하고 방자하고 경박한 행동으로 가문의 명성을 실추시키거나 훼손시켜서는 안 된다. 상례와 제사는 오직 정성과 공경에 있는 것이니, 풍부와 사치에 힘쓰지 말라. 또한 나는 경악經幄에 오래 있으면서 군왕을 바르게 인도하고 시대의 폐단을 구제하지 못하였다. 살아서 이미 세상에 도움이 되지 못하였으니 죽어서는 마땅히 박장薄葬을 하고 성명姓名만 기록하여 무덤을 표시할 뿐 허황된 말과 지나친 미사美辭로 남에게 비갈碑碣을 청하지 말라. 훌륭한 일이 없으면서 훌륭한 이름을 얻는 것은 내가 매우 부끄러워하는 것이다.

응계 옥고 위패(좌)와 보백당 김계행 위패(우)

    살아서도 청백의 정신을 실천하였고, 죽어서도 청백의 정신을 간직하려는 보백당의 고귀한 유계가 아닐 수 없다.

    1706년(숙종 32)에 향인들이 묵계서원에 응계 옥고와 병향하여 보백당 위패를 봉안하였다. 1719년에 운천雲川 김용金涌(1557~1620)을 추향하였다.

    1858년(철종 9)에는 가선대부 이조 참판의 증직이 내려졌고, 이듬해인 1859년에는 자헌대부 이조 판서에 증직되었다.

    1868년(고종 5)에는 정헌定獻이라는 시호가 내려졌다. 이돈우李敦禹의 「보백당 신도비명」에는 1863년으로 되어 있으나, 아래의 교지를 살펴보면 숭정崇禎 기원紀元 후 4번째 무진년인 1868년에 시호가 내려진 것으로 되어 있다.

        순일한 행실이 어긋나지 않음이 '定'이고   純行不爽曰定
        충직한 마음으로 덕에 들어감이 '獻'이다   嚮忠納德曰獻

    그리고 1909년(융희 3) 2월 5일에 불천위 칙명이 내려졌다.

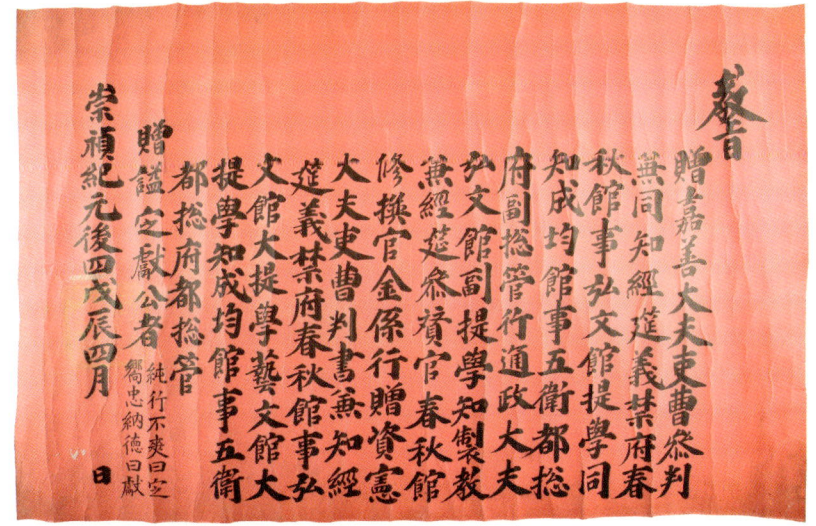

▲ 1858년 吏曹參判에 증직한다는 교지 한국국학진흥원 소장
▼ 1868년 定獻을 贈諡한다는 교지 한국국학진흥원 소장

1909년(융희3) 不遷位로 제향하라는 勅命 한국국학진흥원 소장

04

총마계를
통한 우정

총마계驄馬契는 사헌부 관료들의 계 모임이다. 총이말은 어사를 상징하는데, 후한後漢 때 강직한 어사였던 환전桓典이 늘 총이말을 타고 다녔던 데서 온 말이다. 김계행은 51세 때 사헌부감찰에 제수되었는데, 이때 사헌부에 소속된 관인들끼리 계모임을 조직하였다. 계모임에 인물들을 수록한 계첩이 남아 있는데, 이른바 총마계첩이다. 총마계첩에는 각각 24명과 23명의 관원의 이름이 수록되어 있으며, 형식은 위에서 아래로 계회 참가자 각각의 관직, 이름, 자, 본관을 쓰고 그 옆에 아버지의 관직과 이름을 적었다. 이때 지은 2편의 시가 있어 옮겨보기로 한다.

머리 위에는 주후관을 높이 쓰고서	頭上峩峩柱後冠
남대의 깊은 곳에서 함께 배회하네	南臺深處共盤桓
곧장 풍상 속에 오래된 송백처럼 지조 지키고	直敎松柏風霜老
모름지기 철석처럼 차가운 간장을 믿어야 하네	須信肝腸鐵石寒
공적인 일에는 삼척법의 엄한 잣대로 하고	公事有嚴三尺法
우정은 한 동이 술로 즐김에 욕됨이 없어야 하네	交情無忝一尊歡
후일 영고성쇠에 따라 서로 헤어지는 날에	他年榮落參商日
첩에 기록된 이름 가리키며 즐겁게 보리라	好把題名指點看

1구의 주후관은 옛날 법관法官이 쓰던 주후혜문관柱後惠文冠의 줄임말로, 법 또는 법관을 의미한다. 한漢나라 때의 명신 장창張敞의 아우 장무張武가 양梁나라의 상相으로 나가면서 "양나라는 큰 도회지로서 관리와 백성들이 피폐한 상태이니, 마땅히 주후혜문으로 다스려야 한다." 말하자, 장창이 듣고서 웃으며 안심했다는 고사가 전한다. 2구의 남대南臺는 학행과 덕망이 있어서 사헌부의 장령 또는 지평의 관직에 추천받아 임명된 사람을 이르는데, 여기서는 사헌부 감찰을 의미한다. 그리고 5구의 삼척법三尺法은 법률을 뜻한다. 『사기』 권122 「혹리열전酷吏列傳」에, 두주杜周가 정위廷尉로 있으면서 법률이 아닌 황제의 의중에 따라

일을 처리하자, 문객들이 "그대는 천자의 공평한 판결을 결정하는 자리에 있으면서 삼척의 법에 따르지 않고 오로지 황제의 의결에 따라 판결하니, 사법관이란 원래 이런 것인가?"라고 질책하였다. 당시에는 삼 척 정도의 대나무 통에 법률을 기록했기 때문에 '삼척법'이 법률을 뜻하게 되었다.

그런데 이 시가 김종직의 문집인『점필재집』권16에도 '총마계축에 쓰다[題驄馬契軸]'라는 제목으로 실려 있다.『보백당실기』에는 이 시 아래에 다음과 같은 글을 적어놓고 있다.

> 살펴보건대 이 편은『점필재집』에 실려 있다. 선생의 본손가에 소장된 선생 계축契軸 윗면에도 이 시를 기록하여 서로 전하며 선생의 수고手稿라 여기며, 또한 아래편의 권면하고 경계한 뜻과 동일하게 한 손에서 나왔거늘 필옹畢翁의 유집에 기재되어 있으니 매우 의심스럽다.『주자대전朱子大全』속에「삼선생논사록서三先生論事錄序」가『진동보집陳同父集』에 실려 있고,『이정전서二程全書』에서 한퇴지韓退之를 논한 한 단락이 또『동파집東坡集』에도 보인다. 무릇 문집에 혼동하여 기록한 것이 대개 이와 같다. 그러므로 본가 소장본에 의거하여 수록한다.

이 시가 김계행의 수고본임을 언급하면서『점필재집』에 왜 이 시가 수록되어 있는지 의심하고 있다. 동일한 시가 두 군데에 실려 있어 다소 혼란스럽다는 느낌을 지울 수 없다. 그러나『점필재집』연보를 살펴보니, 김종직이 사헌부감찰에 제수된 것은 33세 때의 일이고 총마계를 조직했다는 기록도 없으며 보백당의 총마계첩에는 김종직의 이름이 보이지 않는다.『점필재집』에는「제총마계첩후」라고 표기되어 있다.

그러나 다음에 이어지는 시는『점필재집』에는 보이지 않고『보백당실기』에만 수록되어 있으므로, 김계행이 지은 시 작품이라고 단정하여 말할 수 있다.

겨우 마음을 주었는데 곧장 배신을 하니	纔罷輸心便背馳

인간 세상 허여한 이들 절반은 속였다네	人間相許半相欺
장이 진여 결사 맹약 도로 신의를 잊었고	張陳樂死還忘信
관중 포숙 죽으니 친구조차 다 팔았네	管鮑云亡盡賣知
운우처럼 뒤집는 세태 의지하기 어렵지만	雲雨難憑翻覆態
거공만은 시종일관 약속을 잘 지키네	蚷蛩惟保始終期
이제부터 모두 세한의 절개를 잡고서	從今共把歲寒節
험한 길 마다 않고 풍진 세상 달려가세	走向風塵任險夷

보백당은 우정을 약속한 이들이 대부분 우정을 배신하는 현실을 개탄하면서 그 예시로 장이와 진여, 관중과 포숙아의 예를 인용하고 있다. 장이張耳와 진여陳餘의 이야기는 사마천이 지은 『사기史記』「장이진여열전張耳陳餘列傳」에 소개되어 있다. 대략적인 내용을 살펴보면, 장이와 진여는 모두 전국 시대 말기의 유생으로, 진여가 장이를 아버지로 섬길 정도로 친밀한 정을 나누었다. 두 사람은 진秦나라 말기에 대의를 명분으로 일어난 진섭陳涉 밑에 들어가 조趙나라의 장상將相을 새로 세우는 등 세력을 확장하였으나, 진나라와 한漢나라의 대립이 깊어지자 두 사람은 친분을 나누던 사이에서 원수 관계가 되어, 장이는 한고조漢高祖를, 진여는 조왕趙王을 섬겼다. 한고조가 초楚를 치면서 조趙의 협력을 청하자, 진여는 장이의 목을 베어 보내기를 요구했다. 한고조는 모습이 장이와 비슷한 자의 목을 베어 보냈는데, 진여는 속아서 군대를 보내 도왔으며, 뒤에 한고조는 장이를 보내 조의 군대를 정경井陘에서 깨뜨리고 진여를 저수泜水 위에서 목베어 죽였다. 관중과 포숙아는 관포지교管鮑之交의 성어처럼 매우 다정한 친구 사이를 언급할 때 단골로 쓰이고 있다. 둘 사이의 우정은 『열자列子』「역명力命」에 보이는 관중의 말에서 단적으로 알 수 있다.

> 나는 가난한 어린 시절에 포숙과 함께 장사를 했는데, 이익을 나눌 때 내가 많이 가져가도 포숙은 나를 탐욕스럽다고 하지 않았다. 내가 가난하다는 것을 알고 이

해해 준 것이다. 내가 포숙을 위해 일을 도모하다가 크게 잘못된 적이 있는데, 포숙은 나를 어리석다고 하지 않았다. 시운時運이 유리하고 불리할 때가 있음을 알고 이해해 준 것이다. 나는 일찍이 세 번 벼슬에 올랐다가 세 번 모두 쫓겨났는데, 포숙은 나를 무능하다고 하지 않았다. 때를 만나지 못했음을 알고 이해해 준 것이다. 나는 세 번 전쟁에 나가 세 번 모두 도망친 적이 있었는데, 포숙은 나를 비겁하다고 하지 않았다. 나에게 늙은 어머니가 있음을 알고 이해해 준 것이다. 공자 규糾가 패하자 소홀召忽은 자결하였으나 나는 감옥에 갇혀 모욕을 감수했는데, 포숙은 나를 염치없다고 하지 않았다. 내가 조그만 일에는 개의치 않고 천하에 공명을 떨치지 못함을 부끄러워하는 줄을 알아준 때문이다. 나를 낳아주신 분은 부모이고 나를 알아준 사람은 포숙이다.

총마계의 계원들은 절대로 친구를 속이지 말고 끝까지 약속을 잘 지키자는 제안을 하고 있다. 사헌부의 명예를 더럽히는 행동을 하지 말자는 다짐도 하고 있다.

총마계계첩에 수록된 47명은 천첩에 24명, 후첩에 각각 23명씩 수록되어 있다. 이들의 이름을 순서대로 정리하면 천첩에는 어맹순魚孟淳, 김간손金艮孫, 허엄許嚴, 김숙손金叔孫, 윤흥상尹興商, 심순로沈順路, 박원효朴元孝, 조호문趙好問, 송환은宋環殷, 한만령韓萬齡, 박경朴璟, 최자축崔自丑, 강응형姜應亨, 김극회金克恢, 김계행金係行, 박숭지朴崇之, 안림安琳, 유호柳壕, 허언許彦, 김윤신金潤身, 윤구尹遘, 정수강丁壽崗, 황린黃璘, 홍형洪泂이 수록되어 있다. 후첩에는 최진崔鎭, 장효張孝, 어맹순魚孟淳, 조연하曺兗河, 김숙손金叔孫, 최기崔淇, 윤흥상尹興商, 문구민文具敏, 심순로沈順路, 박소정朴紹禎, 김계행金係行, 김극회金克恢, 박숭지朴崇之, 안림安琳, 손상장孫尙長, 이인우李仁佑, 안돌安珳, 심가보沈家甫, 유호柳壕, 정수강丁壽崗, 강백진康伯珍, 권인손權仁孫, 강경서姜景敍이다.

이 가운데 전후 첩 모두에 이름이 등재된 사람은 김계행金係行, 어맹순魚孟淳(1467~1514), 김숙손金叔孫, 윤흥상尹興商, 심순로沈順路, 김극회金克恢, 박숭지朴崇之, 안림安琳, 유호柳壕, 정수강丁壽崗(1454~1527) 등 10명이다.

05

청백리의
표상
김계행

한 인물의 자字와 호號는 삶과 매우 긴접한 관련성을 띠고 있다. 보백당의 자호도 그의 삶 전반을 지배하고 있기에 김계행의 자와 호를 바탕으로 그 속에 담긴 청백의 삶을 들여다보기로 한다.

자字는 일반적으로 관례를 치르면서 스승이나 문중 또는 주변의 덕망이 높은 어른들이 지어주는 것이 보통이다. 이는 성인成人이 되어 인간다운 인간으로 살아가라는 새로운 시작을 의미한다. 자字를 쓰다가 스승을 모시거나 성가成家하여 자신의 위치가 성숙 되면 또 다른 이름을 갖게 되는데 이것이 호號이다. 호는 자신이 직접 짓는 경우가 있고, 스승이나 벗이 지어 주는 경우도 있다.

먼저 자에 대해서 살펴보기로 한다. 자설字說이나 자사字辭가 있으면 자字에 담긴 의미를 쉽게 파악할 수 있겠으나, 그렇지 못한 경우는 유추를 하면 대략적인 의미는 파악할 수 있다. 문헌 속에 나타나는 자사와 자설은 100가지도 넘는다. 요즘도 관계례 행사를 통해서 자를 지어주는 옛 전통을 이으려는 노력을 지속적으로 실천하고 있다. 아래의 자사字辭는 우복愚伏 정경세鄭經世(1563~1633)가 친구로 지내던 우연愚淵 김지복金知復(1568~1635)에 대한 자사字辭이다.

태어날 때 착한 본성 타고나기에	有生受衷
처음에는 모든 사람 성품 착하네	厥初皆善
그렇지만 뒤흔들려 방탕해져서	惟動而蕩
이에 처음 본성과는 어그러지네	乃與初価
저 어둡고 광망스러운 사람들 보면	彼昏且狂
미혹되어 돌아갈 생각 안 하네	迷不思復
좋아하고 미워함에 절도가 없고	好惡無節
물욕에만 휩쓸려서 따라간다네	命於物欲
상제께선 아주 크게 어지시나니	上帝孔仁
재주 줌에 달리 주지 아니한다네	非降爾殊
스스로가 밝은 명을 버려 버리고	自斁明命

어리석게 되는 것도 달가워하네	甘伏下愚
아름답고 아름다운 내 벗 있나니	有懿吾友
석천 어른 뒤를 이은 아들이라네	石川之胤
처음에는 겸양 배워 단정하였고	始讓而端
스승에게 나아가선 공손하였네	就傅而遜
이름 명해 복이라고 하였거니와	命之曰復
석천께서 처음에 잘 헤아린 거네	石揆于初
이를 받아 가슴속에 새기고서는	奉以服膺
혹시라도 더럽힘이 없게 하였네	罔敢或渝
어긋난 말 삼가기를 생각하였고	言跲思愁
틀린 행동 고치기를 생각하였네	行疚思改
이렇게 해 나간다면 오래지 않아	不遠是圖
큰 후회는 거의 없을 수가 있으리	庶無大悔
이것보다 더 중요한 것이 있나니	有進於此
내가 이제 벗을 위해 고해 주리라	我諗吾友
회복함이 쉬운 것은 아니지마는	復之不易
지키는 건 더더욱 더 어려운 거네	莫難其守
지키는 걸 혹 단단히 하지 못하면	守或不固
선은 이미 자기 차지 아니게 되네	善非己有
이 때문에 자주자주 회복하는 걸	是以頻復
주역에서 취하지 않은 것이네	於易不取
비유하면 서울 향해 길을 갈 적에	譬彼適國
널따란 길 평탄하기 숫돌 같지만	周道如砥
혹시라도 한 발자국 잘못 디디면	一步有差
천리 멀리 아득하게 어긋난다네	謬以千里
이미 잘못 길 가는 걸 알아차렸고	旣審厥岐

이미 능히 바른길로 돌아섰다면	既復于直
그 길 이에 잃지 않고 준행하여서	宜遵勿失
수레 몰아 나가기를 엄숙히 하라	載驅翼翼
옛날에도 학문 좋아하는 이 있어	昔有好學
잘못한 일 다시 하지 아니하였네	有過無貳
잘못한 일 그 즉시로 알아차리고	纔失便知
종신토록 다시 하지 아니하였네	終身不再
우리들은 어리석은 소인이라서	吾儕小人
뜻 세움이 단단하지 아니하다네	植志不堅
아침에는 그 잘못을 반성하지만	朝省其咎
저녁 되면 이미 다시 마찬가지네	暮已復然
내 간절히 나의 벗께 바라거니와	願言吾友
이런 점을 깊이 새겨 유념하시게	惕念于玆
부끄러운 일은 아예 하지를 말고	恥斯無作
회복하면 다시 잘못 하지를 말게	復斯勿移
앞에서는 잘라 내고 뒤에선 끊어	前艾後絶
점점 줄어 없는 데에 이르게 하소	寡至於無
두 번 다시 하지 말고 한결같이 해	不二而一
맨 처음에 먹은 맘과 같게 하시게	善協厥初
이와 같이 하여 능히 잘 지키면서	是爲能守
오랜 세월 지킨다면 성실해지리	守久則誠
이와 같이 하는 데는 요령 있나니	凡此有要
오직 공경해야만 이루어지네	惟敬以成
이에 자를 지으면서 수 자를 붙여	爰字以守
이것으로 그대 지닌 덕을 표하네	以表爾德
나는 이미 능하다고 말하지 말고	毋曰我能

더욱더 그대 온 힘 쏟아서 하게	益竭爾力
석 달 동안 인을 떠나지 않은 것은	三月不違
인하는 데 익숙해져 그랬던 거네	熟之而已
안자 역시 그 어떠한 사람이겠나	顔亦何人
안자처럼 하면 안자가 되는 거라네	晞之則是

    김지복의 자는 '수초守初'이다. 정경세는 자사를 통해 '수초'에 대한 의미를 매우 자세하고 곡진하게 설명하고 있다. 정경세는 '守' 자를 통해 김지복의 덕을 드러내려고 하였고, '初' 자를 통해 항상 착한 본성을 회복하려고 노력하라는 당부를 하고 있다. 김지복의 관례 때 지어준 초자初字는 '무회无悔'였다. 이는 『주역』 「복괘復卦 초구初九」에서 뜻을 취했음을 스스로 밝히고 있다. 그런데 '무회'라는 자가 향장 노양오盧養吾의 부친의 자와 같아서 부득이 바꾸지 않을 수 없어 수초라는 자를 지어준 것이다. 이렇듯 자에 대한 자세한 설명이 있으면 쉽게 그 의미를 이해할 수 있다. 그런데 보백당의 경우 자사나 자설이 남아 있지 않다. 보백당의 자字는 취사取斯이다. 누가 어떤 연유로 보백당의 자를 지었는지 그 제반 사항은 알 길이 없다. 다만 그의 자가 너무 독특해서 한 번 유추해 보고자 한다. 보백당의 이름은 계행係行이고 그의 형은 계권係權이므로 계係자 항렬을 쓰고 있음을 알 수 있다. 그러므로 항렬자는 차치하고 행行에 대해서 주목해 보기로 한다. 행行은 곧 행실을 의미한다. 이는 행실에 있어서 올바른 사람이 되라는 뜻에서 자가 지어졌을 개연성이 높다. 필자가 예전 경전을 읽다가 공자가 그의 제자 복부제宓不齊에게 언급한 말이 생각난다. 공자는 『논어』 「공야장」에서 그의 행실을 평하면서 "군자로다, 이 사람이여! 그러나 노나라에 군자가 없었다면 이 사람이 어디에서 이러한 덕을 취하였겠는가[君子哉 若人 魯無君子者 斯焉取斯]"라고 하였다. 우리는 여기에서 보백당의 자에 대한 힌트를 얻을 수 있을 듯하다. 보백당의 자는 바로 복부제宓不齊와의 연관성을 염두에 두지 않을 수 없다. 주지하다시피 복부제의 자는 자천子賤이다. 그래서 우리들에겐 복부제보다 복자천宓子賤이 더 익숙하

다. 이는 도연명陶淵明의 이름이 도잠陶潛이지만 도연명이라 부르는 것이 훨씬 자연스러운 경우와 같다고 할 수 있다.

　복자천은 어진 수령을 언급할 때 단골로 등장하는 인물로, 청백리의 상징으로 널리 알려져 있다. 『여씨춘추呂氏春秋』「찰현察賢」에 "복자천이 선보單父 고을을 다스릴 때 거문고나 타고 堂에서 내려오지 않아도 선보가 잘 다스려졌다. 무마기巫馬期는 새벽 일찍 나가고 밤늦게 들어오며 밤낮 쉬지 않고 몸소 일을 하여 선보가 잘 다스려졌다. 무마기가 그 까닭을 묻자, 복자천이 대답하기를 '말하자면, 나는 사람에게 맡겼고, 그대는 노력에 맡긴 것이니, 노력에 맡기면 고생스럽고 사람에게 맡기면 편안한 것이다.' 하였다."라고 하였다.

　복자천은 또 '철주掣肘' 고사故事의 주인공이기도 하다. 춘추시대 노魯나라에서 복자천을 선보 고을의 수령으로 삼았는데, 복자천이 왕에게 글씨 잘 쓰는 사람을 청하였다. 복자천은 두 사람을 시켜 곁에서 글씨 쓰는 사람의 팔꿈치를 당기도록 하였다. 그리고 글씨를 잘못 쓰면 화를 내었고 잘 쓰려고 하면 또다시 당겼다. 글씨 쓰는 사람이 돌아가 그 사실을 아뢰자, 노나라 임금이 말하기를, "복자천은 내가 그를 방해하여 선정을 베풀지 못하게 될까 염려한 것이다." 하고, 선보 고을에서 징발하는 일이 없도록 명하였는데, 얼마 되지 않아 교화가 크게 행하여 졌다고 한다.

　보백당은 복자천의 경우처럼 평생동안 청백을 실천하였고, 지방의 수령이 되어서는 선정을 베풀었다. 그러므로 우리는 보백당을 '조선朝鮮의 복자천宓子賤'이라 불러도 무방하리라 본다.

　다음으로 보백당의 호에 대해서 알아보기로 한다. 보백당은 그의 나이 68세 되던 1498년에 지금의 안동시 풍산읍 소산2리에 해당하는 설못에서 살았다. 이때 집 근처에 작은 집을 짓고 당호를 '보백당寶白堂'이라 하였다. 이는 그가 일찍이 읊조린 시에서 "우리 집엔 보물이라곤 없나니, 있다면 청백만이 보물이다[吾家無寶物 寶物惟淸白]"라고 한데서 취한 말이다. 그는 당호를 보백당이라 명명함과 동시에 그의 자호로 삼은 듯하다. 그는 이곳 설못에서 조용히 거처하며 성현이

오가무보물 보물유청백   지신근신 대인충후

남긴 글을 깊이 연구하며 많은 후학들을 양성하였다.

  그러나 그 유유자적한 삶은 오래 지속되지 못하였다. 곧바로 무오사화에 연루되어 고문을 당하고 태장을 맞는 등의 고초를 겪다가 그해 7월에 대사간에 임명되었다. 또 이듬해 2월에 다시 옥사에 나아가 고초를 당하다가 8월에는 다시 대사성과 대사헌에 제수되는 등 연속되는 부침의 과정을 겪게 된다. 그런 뒤 1,500년 그의 나이 70세에 고향으로 돌아왔다. 그리고 이듬해 3월에 묵계 별저에 우거하다가 젊은 시절 아름다운 승경에 매료된 송암동 계곡에 만휴정을 경영하게 된다. 만휴정에 대해서는 다음 장에서 자세히 다루므로 여기서는 상론을 피한다. 다만 보백당이 읊조린 '吾家無寶物 寶物惟淸白'의 글귀는 그의 생활철학인 동시에 사후에는 후손들의 유계遺誡가 되었다. 그리고 지금도 만휴정 정자에 내부에 걸려 있어 만휴정을 찾는 세인들의 마음을 숙연케 하고 있다.

  만휴정에는 보백당이 유훈으로 남긴 시판이 하나 더 걸려 있는데, 바로 '몸가짐은 삼가고 남에겐 정성을 다하라[持身謹愼 待人忠厚]'이다. 이는 보백당이 81세 되던 1511년 2월에 내외內外 종족과 인친姻親들이 다 모였을 때 자손들에게 남긴 경계의 메세지이다. 보백당은 홀로 있을 때나 남과 함께 있을 때나 늘 한결같은 마음으로 몸가짐을 바르게 하고 남에게는 정성을 다하였다. 그는 평생 표리表裏

가 상응하고 언행이 일치하였다. 그의 이런 정신은 청백정신으로 구현되었고 이를 자손들에게 유훈으로 남겼다.

보백당은 또 임종시에도 자질들에게 청백을 전하여 서로 효성스럽고 우애있게 지내며, 사후에 장례는 박장薄葬을 하고 미사여구의 갈명碣銘을 짓지 못하게 하였다. 이는 살아서는 청백을 실천하였고, 죽어서는 그 정신을 잇게 하려고 함이다.

향산響山 이만도李晩燾(1842~1910)의 아우 유천柳川 이만규李晩煃(1845~1920)는 그가 지은 「보백당중수기」에서 보물을 세 등급으로 나누어 설명하면서 보백당의 청백정신을 '삼백정신三白精神'으로 승화하여 재해석하고 있다.

> 대개 일찍이 사람들이 보물로 여기는 것에는 세 등급이 있다. 군자는 도덕道德을 품는 것으로써 자신의 보물로 여기고, 문사文士들은 경적經籍을 탐닉하는 것으로써 보물로 여기며, 중인衆人은 주옥같은 보석을 보물로 여긴다. 선생 같은 경우는 결백潔白으로써 마음을 다스렸고, 정백精白으로써 임금을 섬겼으며, 청백淸白으로써 백성들을 교화하였으니, 시종일관 '백白'자 한 글자를 자신의 보물로 삼았고, 또한 자손에게 편안함을 남겨주는 유일한 비결로 삼았다. 선생의 보물은 문사文士나 중인衆人의 보물이 아니고 바로 도덕군자의 보물이라고 하는 것이 좋겠다.

위 인용문은 보백당이 유언으로 남긴 시 '吾家無寶物 寶物惟淸白'의 의미를 확대하여 재생산한 것이라 할 수 있다. 보백당이 말한 청백淸白에 이미 결백潔白과 정백精白을 아우르고 있다손 치더라도 그는 결백潔白, 정백精白, 청백淸白 이른바 삼백三白의 정신으로 세분하여 그 적용 대상을 마음, 임금, 백성으로 구체화하여 서로 잘 부합케 하였던 것이다. 이는 '보백무보물寶白無寶物 보물유삼백寶物惟三白'으로 환치할 수 있을 듯하다. 또 인용문에서 보백당이 보물로 여겼다고 한 유안遺安은 방덕공龐德公이 유표劉表에게 말한 것으로, 자손에게 편안함을 남겨 준다는 뜻이다. 이와 관련한 고사를 조금 소개하자면 방덕공이 현산峴山 남쪽에서

밭을 갈고 살면서 성시城市를 가까이하지 않자, 형주 자사荊州刺史 유표劉表가 찾아와서 "선생은 시골에서 고생하며 지내면서도 벼슬해서 녹봉을 받으려 하지 않으니, 무엇을 자손에게 남겨 주리오?" 하였다. 그러자 방덕공은 "세상 사람들은 모두 위태로움을 남겨 주는데 나는 유독 편안함을 남겨 주니, 비록 남겨 주는 것이 똑같지는 않으나, 남겨 주는 것이 없지는 않을 것입니다."라고 답하였다고 한다.

이만규는 또 옛날 공한孔翰이 안회顔回가 살았던 옛 골목에 안락정顔樂亭을 지었을 때 정명도程明道가 "땅을 차마 버려둘 수 없으며 올바른 그의 학문 어찌 잊을 수 있겠는가[地不忍廢 正學其何可忘]"라고 명銘을 부친 것은 공한이 새로 지은 정자에 살면서 옛 학문을 배우도록 한 것이다.라고 하였다. 이것은 보백당을 새롭게 중수하였으니 보백당이 위치한 터를 절대 없애서는 안 되며 보백당의 정신을 잊지 말아야 한다는 것이다.

06

선비들의 교류 장소, 만휴정

남기충이 쓴 쌍청헌 편액

　만휴정은 1986년에 경상북도 문화재자료 제173호로 지정되어 오늘에 이르고 있다. 또 만휴정 주변 일대의 '안동 만휴정 원림安東 晚休亭 園林'은 2011년 명승 제82호로 지정되어 지역민을 비롯하여 타지 사람들도 많이 찾는 명소 중의 명소가 되었다. 그러나 우리는 만휴정과 원림의 빼어난 자연경관만 탐닉해서는 안 되고 이 속에 담긴 보백당 김계행의 아름다운 정신 문화를 이해해야 하고 지금의 모습을 갖추기까지 500년 이상의 세월이 녹아 있음을 알아야 할 것이다.

　만휴정 마루에 올라서서 북쪽 방향으로 보면 정해년(2007) 봄에 남기충南基忠이 써서 건 쌍청헌雙淸軒 현관이 있다. 이는 만휴정이 건립되기 전 쌍청헌이 있었음을 말해주는 하나의 단서이다. 쌍청헌에 대한 궁금증은 바로 옆 안내표지판을 통해 그 대략을 가늠할 수 있다. 쌍청헌은 원래 보백당의 장인인 의령남씨 남상치南尙致의 당호이다. 남상치의 다른 이름은 상치尙治라고 한다. 그는 아버지 국조좌명원종공신國朝佐命原從功臣 남심南深의 3남으로 태어났다. 슬하에 1남 2녀를 두었는데, 아들은 남철南轍이고 두 딸은 김한철金漢哲(1430~1506)과 김계행에게 각각 출가하였다. 김한철의 본관은 의성義城(字는 자명子明, 號는 송호松湖)이다. 아버지는 영명永命이고, 김한계金漢啓의 아우이다. 군위軍威에서 살았으며 1456년 성삼문 등 사육신이 단종 복위를 꾀하다가 처형되자, 벼슬을 버리고 고향으로

만휴정 편액

돌아와 학문에 전념하며 후진 교육에 힘썼다. 『퇴계집』권46, 「선비증정부인김씨묘갈지先妣贈貞夫人金氏墓碣識」에 의하면, 퇴계의 부친 이식李埴은 신녕현감新寧縣監을 지낸 의성김씨 김영명金永命의 차자次子 김한철의 따님에게 장가들어 잠潛, 하河와 딸 하나를 두었고, 재취再娶로 춘천박씨春川朴氏(朴緇의 딸)를 맞아 의 㵓, 해瀣, 징澄, 황滉을 두었다고 하였다.

남상치는 지방관 재직시에 부귀영화에는 아랑곳하지 않고 청백의 정신을 지켰으며, 1453년 계유정난 때 단종의 폐위를 접하고선 이곳 묵계촌으로 낙향하여 쌍청헌을 지어놓고 은일적 삶을 영위하였다. 1,501년 보백당은 장인의 숨결이 서려 있는 쌍청헌 옛터에 만휴정이라는 새 편액을 걸고 청백의 정신을 차곡차곡 쌓아갔던 것이다.

중건重建에 의한 선비들의 교감

보백당의 청백 정신이 숨어있는 만휴정은 지속적인 관리와 사랑을 받지 못한 채 250여 년이라는 오랜 세월 동안 거의 폐허의 상태로 방치되어 있었던 것으로 보인다. 그러다가 1750년경에 와서 후손 김영金泳(1702~1784)에 의하여 중수의 희망을 갖게 된다. 보백당의 9세손인 그는 자가 유백游伯, 호가 묵은재黙隱齋이다. 묵계에서 살았던 그는 밀암密菴 이재李栽에게 학문을 익혔다. 김영은 보백당의 연보年譜와 일고逸稿를 교정하여 간행하려고 하였으나 뜻을 이루지 못하였다. 또 송암동 가에 만휴정을 중건하려고 하였으나, 갑자기 세상을 등지고 말았다. 이명걸李明杰(1890~? 字 德懷)이 편찬한 『교남누정시집嶠南樓亭詩集』에는 김영이 읊은 시가 실려 있는데, 만휴정 중건이 시작될 무렵에 지은 것으로 보인다.

선조께서 정자 지은 터를	先祖構亭地
수많은 현인들이 바라보네	群賢濟濟看
바위에 매달려 은빛 폭포 이뤘고	懸巖銀作瀑
절벽을 깎아서 옥 단을 만들었네	鏟壁玉成壇
고상한 자취 멀리 아득하고	高躅依依遠
맑은 바람 차갑고 시원하네	淸風灑灑寒
오늘에야 중수를 시작하니	重修今日始
사간 시를 지어주길 요청하네	爲乞賦斯干

보백당이 지었던 옛터에 만휴정을 새롭게 중수하기 위해 절벽을 깎아낸 것으로 보아 기존의 규모를 확장하였음을 알 수 있고 공사과정이 매우 힘들었음을 엿볼 수 있다. 시인은 보백당의 고상한 자취와 맑은 정신을 생각하면서 중수의 완성을 간절히 바라고 있다. 마지막 구의 사간斯干은 『시경 소아』 「사간斯干」편을 말하는데, 이 시는 주나라 폭군 여왕厲王의 아들 선왕宣王이 정치를 개혁하고 덕정을 펴서 주나라의 중흥을 이루었는데, 이때 선왕이 새 궁실이 낙성한 것을 축하한 시이다. 여기서는 김영金泳이 만휴정이 중수되어 축하시를 지어주길 요청한다는 뜻이다. 그러나 그의 간절한 염원에도 불구하고 30여 년 동안 터만 닦아놓은 채 본격적인 건축구조 공사는 이루지 못하였다. 그래서 임종시 유언으로 둘째

아들 김동도金東道(1734~1794, 자 德一)에게 숙원사업인 만휴정 중수의 완성을 부탁하기에 이른다.

이에 대한 구체적인 정황은 아래 노애蘆厓 류도원柳道源(1721~1791)의 시에서 자세하게 드러난다. 류도원은 만휴정 중수가 본격적으로 시작될 무렵인 1784년 여름에 만휴정에 들러 함께 온 선비들과 정신적 교감을 하게 된다.

선생께서 학문에 뜻을 둔 곳에	先丈藏修志
여러 해 동안 정자를 경영하네	經營積有年
별천지에 향기가 남아 있고	別區芬馥在
유업이 후손에게 전해졌네	遺業裔孫傳

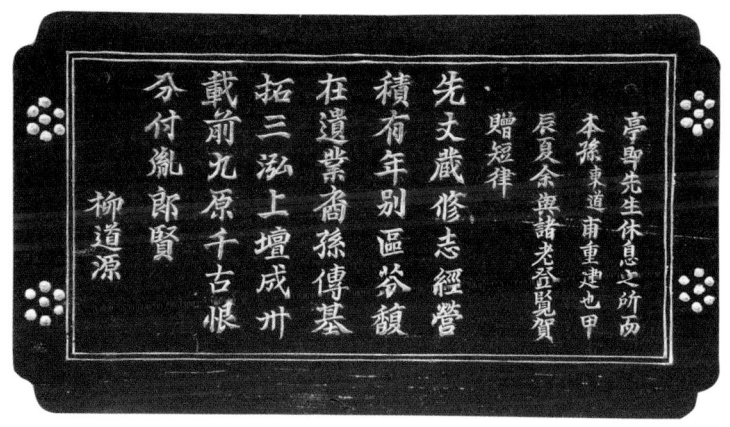

류도원의 시판

세 웅덩이 가에 터를 닦아	基拓三泓上
삼십 년 전에 단을 완성했네	壇成卅載前
저승길에 천고의 한을	九原千古恨
아들에게 부탁하였네	分付胤郎賢

앞에서 살펴본 김영의 시에서처럼 보백당의 유업과 정신을 잇기 위해 기초 공사를 시작한 만휴정은 터만 닦아놓은 상태로 놓여 있었다. 그리하여 죽음을 앞두고 아들에게 유언을 남기게 된 것이다. 5구의 삼홍三泓은 위에서부터 아래로 흐르는 세찬 물줄기의 영향으로 형성된 세 개의 웅덩이를 가리킨다. 그러나 여기에는 보백당이 처음 만휴정을 경영하던 정신이 김영에게로 이어졌다가 자연스레 아들 김동도에게 연결되는 이른바 조祖·자子·손孫으로 계승되는 정신적 맥락을 의미하는 것이 아닌가 한다.

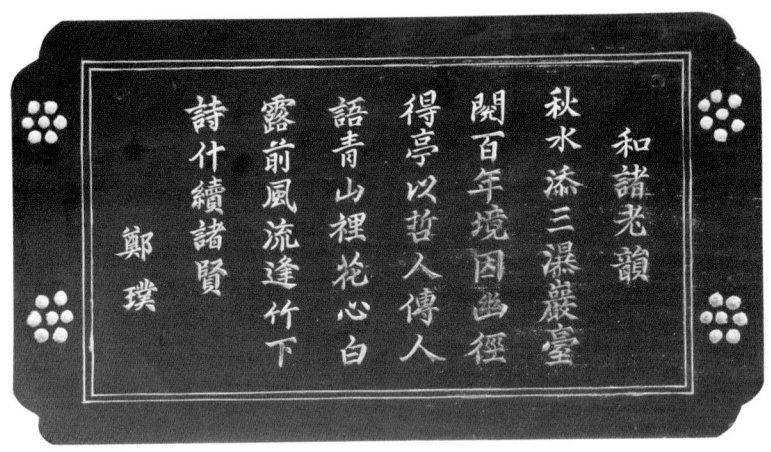

정박의 시판

다음은 남병南屛 정박鄭璞(1734~1796)의 시판에 대해서 살펴보고자 한다. 정박은 의성 옥산 출생으로 자가 탁지琢之, 본관이 초계草溪이다. 정박은 만휴정 중건을 주도한 김영金泳의 둘째 사위이자 김동도金東道의 매부이다. 이 시는 그의 문집인 『남병집』에도 실려 있다.

가을 물은 세 폭포에 더해지고　　　　　　　　秋水添三瀑

암대는 백 년의 세월을 겪었네	巖臺閱百年
경내는 오솔길을 따라 갈 수 있고	境因幽徑得
정자는 현인 때문에 전해지고 있네	亭以哲人傳
사람들은 청산 속에서 얘기하고	人語青山裏
국화가 백로 전에 활짝 피었네	花心白露前
대나무 아래에 풍류객 만나	風流逢竹下
제현들의 시편에 이어 짓네	詩什續諸賢

이 시를 지은 계절적 배경은 백로白露 전 가을이다. 차가운 기운을 띤 가을날의 송암 폭포 물은 200년의 세월을 고스란히 지켜낸 정자의 늠름한 모습을 칭송하듯 말 없는 아우성을 외친다. 정자로 들어가는 길은 지금처럼 다리가 놓여 있지 않아서 오솔길을 통해서만 경내로 진입할 수 있다. 경내로 들어선 시인은 고풍스러운 만휴정의 모습에서 현인 보백당의 정신을 전해 듣고 있다. 또한 함께 모인 사람들은 제각각 보백당의 청백 정신을 칭송하고 국화가 백로 직전에 활짝 피어있다. 청각과 시각의 공감각적 이미지를 교차하여 표현의 묘미를 더해준다. 또 대나무 아래에는 풍류객들이 보백당의 정신을 교감하며 차운시를 읊조리고 있다.

다음은 귀와龜窩 김굉金㙆(1739~1816)이 묵계 문회가 열린 저녁에 묵계서원의 원장인 면암俛庵 이우李堣(1739~1810, 字 稚春)와 함께 만휴정에 가서 차운한 시로, 경내에 시판이 걸려 있으며 그의 문집에도 실려져 있다.

새로 지은 우뚝한 정자 모습	突兀亭新就
몇 년이나 황폐해져 있었던가	荒墟閱幾年
고상한 풍모 만져볼 수 없으나	高風不可挹
남긴 자취 지금까지 전해지네	遺躅尚今傳
은하수 떨어져 골짝 트였고	峽坼銀河落
푸른 바위 앞에 문이 열렸네	門開翠屏前

| 비록 멋진 경치 맛보긴 했으나 | 貪緣多勝償 |
| 졸렬한 시구 제현에게 부끄럽네 | 拙句愧諸賢 |

 오랫동안 황폐된 만휴정을 안타까워하면서 새로 중건된 정자의 모습을 반기고 있다. 김양근金養根은 「만휴정중수기晩休亭重修記」에서 중수과정에 대해서 밝히고 있다.

김양근이 지은 만휴정중수기

 묵계서원 남쪽 두 산 사이에 아득히 시냇가에 임하여 새로 지은 정자가 있으니, 만휴정晩休亭이다. 정자를 지은 사람은 누구인가. 바로 고 대사성 보백당寶白堂 김 선생金先生이다. 우리 선조 판관공判官公에게 아우가 되었는데, 일찍이 묵계默溪 남쪽 동쪽에 있는 숲과 골짜기가 그윽하고 깊으며 시냇물과 바위가 매우험준하여 마치 마당 위의 큰 바위처럼 둘러싸인 것을 좋아하였다. 그래서 산과 시냇가에서 폭포를 구경하는 행차를 하였으니, 그 뜻은 실로 귀를 씻기 위해서였다. 어찌 경물景物에 마음이 흔들렸을 뿐이겠는가. 상류에 있는 전의곡全義谷에서 이 시내의 동쪽으로 멀리 갈수록 굽이굽이 10여 리를 내려가면 문득 마치 마당에 놓인

큰 바위가 시냇가에서 우뚝 솟아 나온 듯하다. 또 모두 착착 착착 쌓여 있는 것이 흰 털이 쌓인 것과 다름이 없고 흰 눈이 펼쳐진 것과 같다. 물이 그 사이에서 형세를 따라 감돌아 왔다 갔다 하는데 소리가 풍성하다. 그 근원이 이미 멀어지면서 골짜기가 점차 낮아지면 한 줄기 흐르는 샘물이 마침내 힘차게 쏟아져 내려 층층의 폭포를 이루어 세 개의 못이 그 낙수처를 받치게 된다. 세속에서 못을 부釜라고 부르는 것은 그 모양이 그렇기 때문이다. 물의 깊이도 또한 가마솥의 크기에 따르니, 비가 내린 뒤 물이 불어난 날을 보면 그 경치를 알 수 있다. 못 위에 또 천연으로 이루어진 석대石臺가 있어 수백 명이 놀 수 있다. 정자를 지은 것은 실로 셋째 못에 해당하니, 대개 시냇가의 산은 별도로 하나의 하늘이다. 정자를 만휴정이라 이름 붙인 것은 선생이 당시 청일淸逸한 운치를 지녀 산수에 맞추어 즐기고 천기天機를 행지行止하여 험증險症을 극복하였음을 상상할 수 있다. 혹시 물외物外의 뜬구름 같은 세상을 잠시라도 잊고 만휴정을 지었더라면 과연 얼마나 소한蕭閒하고 얼마나 쇄락灑落하였겠는가. 지금 동남쪽으로 지나가는 사람들이 아직도 손가락질하며 상상하는 이가 많은데, 이는 사람의 본성이 그러한 것이다. 중폐中廢된 지 거의 백 년 만에 뒤이어 가난이 심해져 터를 잡을 수 없었다. 이에 정자 아래에 거주하던 김영金泳 공이 개연히 옛날의 모습을 회복하려는 뜻을 지니고 이미 돌을 쌓아 범위를 만들고 또 힘을 모아 경영하였다. 공사를 마치지 못하고 불행하게 지금 또 50년이 지났다. 그 손자 동도東道 덕일德一이 이에 문하의 어른과 젊은이들과 함께 정성과 힘을 다하여 선조의 뜻을 이루어 한 번 새로이 빛나게 하였다. 산수가 이 때문에 모습이 바뀌었으니, 때는 경술년 모월 모일이다. 2월 17일에 터를 잡고 3월 22일에 기둥을 세우고 30일 사시巳時에 다리를 놓았는데, 처음부터 끝까지 모두 5개월이 걸렸다. 선생이 떠나신 뒤로 정자가 황폐해진 지 거의 1년이 되었다. 나무를 어루만지고 바위를 바라보면 어찌 감히 하루라도 즐거이 정자를 짓지 않겠는가. 3대를 지나 옮겨 짓는 것은 처음부터 그렇게 하기를 기약하는 것이 아니고, 천명天命이 놀라고 기세가 독하여 평탄한 길처럼 편안하게 하는 것은 선생이 만년에 쉬고 싶어 하는 것이다. 흰 바위 얼굴에 밝은 달빛

이 낮처럼 밝고 돌 사이에 흐르는 물소리가 옥 부딪치듯 맑게 울린다. 선생의 풍도를 듣고 청렴하게 서서 살고자 하지 않겠는가. 다만 덕일德一 씨가 이 일을 마무리한 것은 실로 선대인先大人이 터를 쌓고 다스린 힘을 입은 것이다. 그런데 하늘이 수명을 빌려 주지 않아 한없이 강산의 즐거움을 누리지 못하게 하고 또 오래 누리지 못하게 한 것이 애석하다. 이것이 이른바 장주長籌와 단조短造이니, 천명이 어떠한가. 3대를 이루어 세우기 어려움과 백 년 동안 묘당芒芴한 슬픔을 뒤에 이 정자에 올라 유적을 어루만지는 사람들은 반드시 천고에 걸쳐 천추절추하는 감회가 있을 것이다. 하물며 중호仲浩야 말할 것이 있겠는가. 중호의 이름은 양오養吾이니 곧 덕일 씨의 둘째 아들이다. 나에게 전말을 기록해 줄 것을 요청하기를 매우 간절하게 하기에 마침내 그 감회를 적어 응하는 바이다.

김양근은 몇백 년 동안 방치된 만휴정을 김영이 뜻을 가지고 중수하려 하였으나 뜻을 이루지 못한 채 임종을 맞게 되자 그의 둘째 아들 김동도가 선친의 뜻을 이어 만휴정을 중수하였다고 하였다. 그리고 중수한 시점과 중수의 과정까지 기록하고 있다. 중수한 해는 1790년이고, 2월에 토대를 구축하고 3월 22일에 기둥을 세우고 3월 30일 사시巳時에 상량식을 하였으며, 완성되기까지 모두 5개월이 소요되었다.

3·4구는 만휴정 주인이었던 보백당의 고상한 풍모를 만져볼 수 없어도 그가 남긴 정신적 발자취는 지금까지도 면면히 이어져 오고 있음을 술회하고 있다. 제5구는 마치 이백의 「망여산폭포望廬山瀑布」에서 "삼천 척 높이를 곧장 내리쏟아지니, 은하수가 하늘에서 떨어진 듯하구나[飛流直下三千尺 疑是銀河落九天]"라는 구절을 연상케 한다. 송암 폭포의 웅장한 모습을 중국의 여산폭포에 비유하면서 하늘에서 마치 은하수가 떨어져 내림을 형상화하고 있다. 송암폭포松巖瀑布의 세찬 물줄기는 지금까지도 보백당의 청백 기상을 대변해 주듯 잠시도 쉬지 않고 쏟아져 내리고 있다. 이 시판의 앞부분에 동갑내기 원장과 함께 만휴정을 유람한 것으로 되어 있으나 김굉의 문집인 『귀와집』에는 이보다 분량이 많은 병서并序

가 기록되어 있다. 시를 이해함에 큰 도움을 주고 있다.

> 정자는 곧 보백당寶白堂 김 선생이 지내던 곳이다. 그 후손 덕일德一이 옛터를 개척하여 다시 세웠다. 푸른 벼랑이 마주 서 있고 흰 바위가 반타盤陀를 이루었다. 한 줄기 폭포가 쏟아져 세 개의 연못을 이루고 있다. 정자는 그 위에 있으니 참으로 계산溪山의 절경이다. 기거하고 먹고 마시는 것이 시냇물 소리와 산악의 빛과 서로 접하여 침석枕席 사이에 꿈이 맑고 시원함을 깨닫게 된다. 선생의 세대와 2백여 년이 떨어졌는데 그 자손이 능히 대대로 그 업을 지켜 이 정자를 중수하였으니, 어찌 가상하지 아니한가.

김굉은 병서에서 김동도가 옛터를 개척하여 만휴정을 중수하였으며, 김동도의 요청에 의해 시를 짓게 되었음을 밝히고 있다. 그런가 하면 푸른 바위와 흰 반타석, 그리고 가마솥처럼 생긴 세 곳의 연못 등 만휴정 앞의 아름다운 자연경관을 극찬하고 있다. 한편 2백여 년이 지나 자손들이 조상의 업을 잘 이어받아 만휴정을 새롭게 중수한 일은 자연환경보다 더 아름다운 행실임을 강조하고 있다. 이는 자연환경과 인문환경이 잘 조화를 이룬 만휴정이 시회를 향유하기에 가장 적합한 공간임과 동시에 청백의 정신을 공유할 수 있는 교감의 장소임을 밝히고 있다.

김양근은 「만휴정중수기」를 짓기 9년 전인 1790년에 만휴정 중수를 축하하는 절구시 3수를 남겼다.

층층 바위에 급류가 쏟아져 내리더니	層層投急水
모이는 곳에 절로 물가마를 이뤘구나	匯處自成釜
열길 물은 옥처럼 푸른빛 띠고 있으니	十丈靑如玉
이 속엔 분명 신물(용)이 잠겨 있겠지	其中神物有

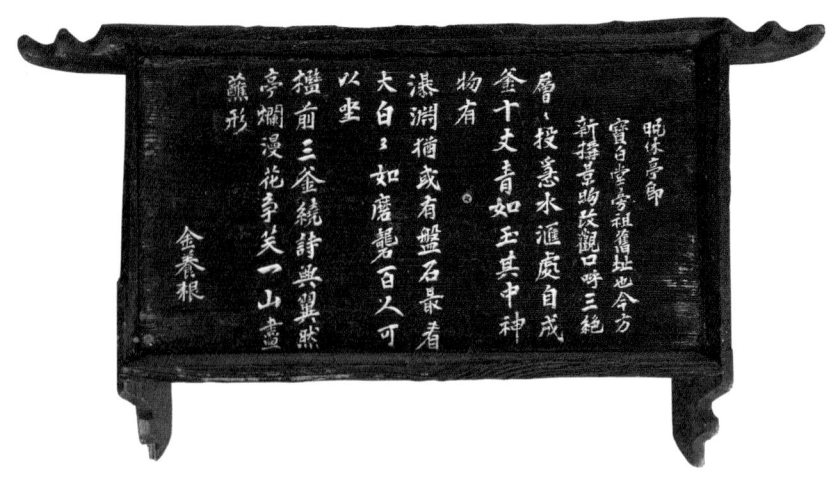

김양근의 만휴정 시

　첫 번째 시는 만휴정 앞의 폭포를 노래하고 있다. 층층 바위를 거쳐 쏟아져 내린 폭포는 커다란 가마솥을 이루고 있다. 또한 깊이를 가늠할 수 없는 푸른 물속엔 용이 살아 움직이는 것 같은 분위기를 자아낸다. 이는 서두에서 유우석의 말을 빌어 언급했듯이 물에 용이 살면 신령하게 되듯이 만휴정이 신령한 기운을 받아 보백당 당시의 모습을 되찾게 되었음을 축하함과 동시에 보백당의 정신을 계승하여 영원히 위용을 갖춘 모습으로 존재하기를 바라는 마음에서 비롯된 것으로 보인다. 두 번째 수를 살펴보자.

폭포와 연못이 간혹 있기도 하지만	瀑淵猶或有
너럭바위가 가장 크게 보이는 구나	盤石最看大
갈아 놓은 듯한 희디 흰 바위 위에	白白如磨礱
백 사람이 넉넉히 앉을 수 있겠구나	百人可以坐

　김양근은 송암폭포와 홍연의 모습도 좋지만, 눈에 가장 먼저 들어오는 것은 갈

아 놓은 듯한 흰 반타석이다. 반타석은 백 사람도 족히 앉을 수 있을 만큼 넓게 펼쳐져 있어 시인으로 하여금 절로 탄성을 자아내게 한다. 만휴정 앞의 기이한 절경이 아닐 수 없다.

난간 앞에는 삼부연이 휘감아 돌고	檻前三釜繞
날 듯한 정자에는 시흥이 솟는구나	詩興翼然亭
웃음 다툰 꽃들이 흐드러지게 피어	爛漫花爭笑
온 산은 마치 꽃 속에 잠긴 듯하네	一山盡蘸形

만휴정 앞의 빼어난 경관을 스케치하고 있다. 정자 앞에는 폭포가 흐른 삼부연이 용이라도 솟아오를 것처럼 휘감아 돌고 있고, 우뚝한 정자에 서니 시흥이 절로 솟구친다. 그리고 주변 산에는 온갖 꽃들이 제각기 아름다움을 자랑하고 있다. 김양근은 만휴정의 경관을 무릉도원에 빗대고 있는 것이다.

한편 만휴정에 걸려 있는 시판 중에서 가장 최근의 것으로, 2019년 5월에 김창회金昌會가 김찬혁金贊奕·김억金檍과 함께 만휴정에 올라 지은 시가 시판에 새겨져 있다. 현존해 있는 분의 시를 시판에 새긴 경우는 흔히 볼 수 있는 것이 아니다. 김창회는 선안동김씨 김방경의 후손으로, 천사川沙 김종덕金宗德(1724·1797)의 7대 주손이다.

연시례延諡禮를 통한 지역적 교류

만휴정에는 또 긍암肯菴 이돈우李敦禹(1807~1884)의 시판이 걸려 있다. 이 시판은 이돈우가 무진년(1868) 4월에 보백당의 시호를 맞이하는 연시연延諡宴에 헌관獻官으로 참여하였다가 짬을 내어 만휴정을 유람한 후 동야東埜 김양근金養根의 시에 차운한 것이다. 연시연延諡宴는 연시례延諡禮라고도 하는데 선시宣諡와 연시延

諡를 기념하기 위해 펼쳐지는 잔치로 공식 절차가 정해져 있지 않았지만 조선초기 이래로 관행화되어 있었다. 선시宣諡란 행정절차에 따라 정해진 시호를 내리는 것을 말하며 사시賜諡라고 한다. 연시延諡란 내려진 시호를 후손이 맞이하는 의식으로, 영시迎諡라고도 한다. 그런데 보백당의 시호가 내려진 시점에 대해서 이돈우의 「보백당 신도비명」에는 계해년(1863)으로 되어 있고, 교지에는 숭정기원 후 4번째 무진년(1868) 4월에 시호가 내려진 것으로 되어 있다. 이에 대한 의문은 『보백당김선생연시시일기寶白堂金先生延諡時日記』를 통해 궁금증이 해소되었다.

기미년(1859) 시호를 청하는 일로 인하여 본손本孫 김호근金濩根이 영의장領議政이자 원임原任인 정원용鄭元容에게 시장을 청하니, 대략 운운하였다. 계해년(1863) 겨울 11월에 시호의 은전이 특별히 내려졌는데, 시호는 정헌定獻이다. 그 주註에 "순일한 행실이 어긋나지 않음이'定'이고, 충직한 마음으로 덕에 들어감이'獻'이다."라고 하였다. 마땅히 달려가 연봉延奉의 예를 행해야 하나 물력物力에 구속되어 그럭저럭 행하지 못하다가 정묘년(1867) 10월에 本孫이 돈 천千緡을 거둔 뒤에야 대사大事를 치를 수 있었다. 무진년(1868) 1월에 정알례正謁禮를 행하였다. …중략… 2월 9일 김호근金濩根이 상경하였다. 29일 춘향례를 행하였다. …중략… 3월 5일 상경했던 심부름꾼이 돌아왔다. 연시의 날짜는 4월 4일로 정해졌고 예관禮官은 이조좌랑吏曹佐郎 尙州 김병위金秉緯(1829~?)이다.

『寶白堂金先生延諡時日記』

위에서 살펴보듯이 보백당의 시호가 결정된 것은 1863년 11월이다. 그러나 물력物力에 구속되어 영봉례迎奉禮를 행하지 못하다가 4년 뒤인 1867년 10월에 가서야 본손이 천민千緡의 자금을 마련하여 대사大事를 치를 수 있었다. 그리하여 1868년 1월에 정알례正謁禮를 행하였고 2월 9일에 김호근金濩根(1807~1868)이 상경하여 3월 5일에 돌아온 뒤에야 연시례 날짜가 4월 4일이고, 예관이 이조좌랑 상주尙州 김병위金秉緯라는 사실을 알게 되었다. 김호근은 1790년 만휴정을 중수한 김동도의 증손으로, 자가 치상致商, 호가 정암定菴이다.

연시를 위해서는 막대한 경비뿐만 아니라 후손에게 벼슬이 없으면 연시할 수 없었다. 즉 선시는 시호를 반하하는 왕의 교서와 제문이 내려지는 행사였기 때문에 관복을 입지 않고는 의식에 참여할 수 없었다. 이런 제약 때문에 시호가 결정된 지 수십 년이 지나도 연시하지 못하는가 하면 심한 경우에는 연시하지 못해 한을 품고 죽는 일까지 발생하였다. 후손들이 연시연을 중요하게 생각하는 이유는 연시를 하지 못하면 시호를 사용할 수 없었기 때문이었다.

위에서 확인했듯이 보백당은 시호가 정헌定獻이다. 그런데 이 시호가 한 번에 바로 정해진 것이 아니고, 아래처럼 9단계의 행정절차를 거치게 된다.

① 시장諡狀을 작성하여 예조禮曹에 제출
② 예조에서 시장을 검토하여 봉상시로 이관
③ 봉상시에서 시장을 홍문관에 이송하면 홍문관에서 동벽東壁 이하의 관원 3인이 모여 3망을 의논함
④ 홍문관의 동벽 1인이 봉상시 정奉常寺正 이하 여러 관원과 합좌合坐하여 3망을 결정함
⑤ 결정된 3망을 의정부 사인舍人·검상檢詳 중에 1인이 서경署經하여 시장과 함께 이조吏曹에 보고함
⑥ 예조에서 이조로 이관하면 이조에서 다시 관련 문서를 첨부하여 의정부로 이관함

⑦ 의정부에서 상주上奏하여 왕의 재가를 받음
⑧ 사헌부·사간원에서 시호를 서경함
⑨ 선시宣諡 및 연시延諡

『동국통감東國諡號』에 보백당의 시호를 정함에 있어서 수망首望, 부망副望, 삼망三望 세 가지의 시호를 올려서 그중에 한 가지를 낙점받게 되었음을 확인하였다. 수망首望은 낙점 받은 정헌定獻이고, 부망副望은 정민靖敏이었다. 정민의 뜻은 "너그럽고 즐겁게 생을 잘 마감하는 것[寬樂令終]을 정靖이라 하고, 옛것을 좋아하여 게을리하지 않음[好古不怠]을 민敏이라 한다."이다. 삼망三望은 경민景敏인데, 경민 시호의 뜻은 "의로움을 통해서 일을 완수하는 것[由義而濟]을 '경景'이라 하고, 일에 응하여 공이 있는 것[應事有功]을 '민敏'이라 한다."라고 하였다.

이돈우는 시판 서문에서 당시 김맹실金孟實, 김사행金士行, 류계호柳季好와 함께 만휴정에 찾아갔다고 기록하고 있다. 김맹실은 김광수金光壽(1801~1871)이다. 맹실은 그의 자이고, 자호는 귀음龜陰, 본관은 의성이다. 표은 김시온의 7대손이고, 김범운金範運의 아들이며, 정재 류치명의 문인이다. 류계호는 류치호柳致好(1808~1870)이다. 계호는 그의 자이고, 호는 공암孔巖, 본관은 전주이다. 그는 노애 류도원의 증손이고, 수정재壽靜齋 류정문柳鼎文의 아들이다. 그러나 김사행金士行은 누구인지 자세하지 않다. 그런데 이돈우가 「만휴정수계서문」에서 김맹실과 김사항金士恒과 함께 만휴정에 올랐다는 구체적인 표현이 있는 것으로 보아 김사행은 김진림金鎭林(1802~1886, 字 士恒)인 듯하다. 또 『보백당김선생연시시일기』의 기록을 살펴보면 김진림金鎭林이라는 인물이 등장한다. 그는 3월 30일 날짜의 도도청都都廳 김광수金光壽와 함께 도청의 임무를 띠고 서원에 들어왔으며, 4월 1일에는 아침을 먹고 원장 및 김광수金光壽와 함께 만휴정에 가서 반나절 유상하고 판상 시에 차운하였다고 하였다. 그는 또 연시연이 거행되던 당일에는 김양범金養範(字 士鍊)과 함께 공사원公事員의 임무를 맡았다. 김진림은 자가 사항士恒, 호가 낭파浪坡, 본관이 의성이다. 생부는 동원東園 김희수金羲壽이고, 시집이

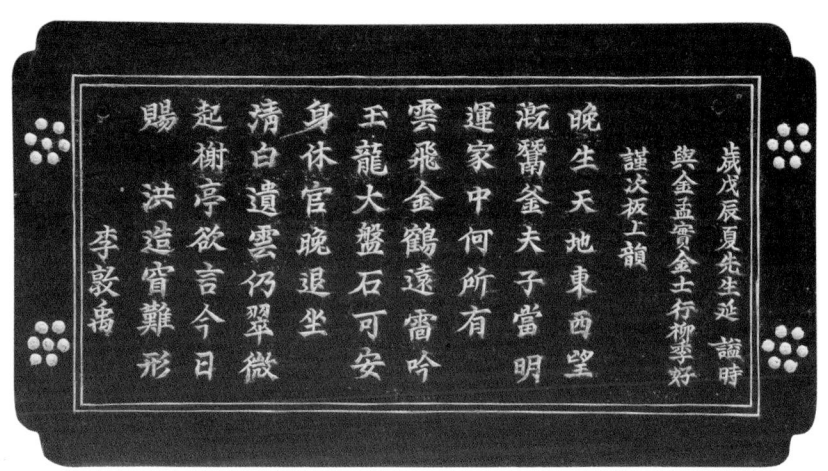

이돈우의 만휴정 시

있다. 사행士行은 그의 별자가 아닌가 한다.

또 김광수의 문집인 『귀음집龜陰集』에는 그가 1868년에 옥여회玉汝晦(字 舜如)에게 답장한 편지에서 만휴정을 유람한 사실에 대해서 언급하고 있어 만휴정 유람에 대한 구체적인 윤곽이 드러난다. 그는 당시 스스로 절구 세 수를 짓고, 김양범金養範(1802~1879, 本 安東, 字 士鍊, 號 萬同)과 류치호柳致好 등 내여섯 명도 자신의 시에 화운하여 하나의 시축을 완성하였는데, 이는 산중고사山中故事의 대비하고자 의도였음을 밝히고 있다. 그러나 두보의 시구 '慷慨嗣眞作 咨嗟玉山桂'와 같은 시구는 자신에게 과분하다는 말과 함께 유람하지 못한 아쉬운 속내를 전하였다. 위에서 언급한 것처럼 이 당시 도도청의 임무를 맡은 옥여회玉汝晦는 병 때문에 묵계서원에서 거행한 연시례에 참석하지 못하여 결국 만휴정 유람도 함께 할 수 없었다.

먼저 이돈우의 차운시를 살펴보기로 한다.

늦게야 영남 땅에 태어나서	晩生天地東
도성 바라보며 가마솥 씻으려 했네	西望溉鬵釜
선생께서 명운의 시대를 만났으나	夫子當明運
집안에 소유한 것 그 무엇이던가	家中何所有

    1,2구는 비록 구석진 영남 땅에 태어났으나 조정에 출사하여 나라를 부지하고 싶은 포부를 지녔음을 의미한다. 특히 2구의 '개심부溉鬵釜'는 나라를 부지할 재상을 후원하고 싶다는 말로, 『시경』「비풍匪風」에 "물고기를 쪄먹을 이 누군지, 있다면야 내가 가마솥 닦을래. 그 누가 주周나라로 돌아갈 이 있다면, 진정 좋은 말 일러 주리[誰能亨魚 溉之釜鬵 誰將西歸 懷之好音]"라고 한 데서 온 말이다. 3구의 명운은 밝은 시대로, 곧 성종대를 말하는 듯하다. 보백당은 성종 11년인 1480년 50세의 나이로 문과에 급제하여, 대사간·대사헌·이조참의 등 청요직을 두루 역임하였다. 그렇지만 벼슬살이를 통한 부를 누리지 않고 청렴결백만을 일삼으며 임종시에 자손들에게 오직 청백만을 보물로 여길 것을 당부하였다. 두 번째 시를 살펴보기로 한다.

구름 날려 금학산이 아득하고	雲飛金鶴遠
천둥이 울리듯 냇물이 유장하네	雷吟玉龍大
몸을 편안히 할 수 있는 반석은	盤石可安身
만년에 벼슬 그만두고 물러난 곳	休官晚退坐

    금학산金鶴山은 만휴정 남쪽에 있는 주산이다. 금학산 봉우리에 두둥실 떠가는 흰 구름을 형상화하였고, 2구는 만휴정 앞을 흐르는 거센 시냇물 소리를 천둥소리에 견주었다. 1구의 시각적 이미지와 2구의 청각적 이미지가 한데 어울러져 시너지효과를 발휘하고 있다. 그리고 3,4구에서 수백 명이 앉을 수 있는 반타석은 옛날 보백당이 만년에 벼슬을 그만두고 휴식을 취하던 곳임을 설명하고 있다.

마지막 수이다.

후손에겐 청백 정신 남기었고	淸白遺雲仍
푸른 산엔 정자가 우뚝하네	翠微起榭亭
오늘의 하사를 말하고 싶으나	欲言今日賜
크나큰 은혜 형용하기 어렵네	洪造奵難形

산중턱에 우뚝 솟은 정자에는 청백의 정신을 남겨준 보백당의 청백정신은 시대와 공간을 초월하여 항구적으로 계승되고 있다. 게다가 지금은 보백당의 시호를 맞이하기 위해 500명 이상의 유림들이 묵계서원에 모여 연시례를 거행하려는 순간이다. 시인은 형언하기 어려운 임금의 커다란 은혜에 감읍하고 있다. 앞에서 살펴보았듯이 연시연 행사는 단순히 정헌의 시호가 적힌 교지 하나를 받는 것에 그치는 것이 아니다. 시호를 얻기 위해서는 시장을 올려 왕의 재가를 얻을 때까지 매우 복잡하고 까다로운 절차가 숨어 있다. 또한 여기에는 경제적인 부담도 포함되어 있다. 그러므로 시호를 받는 연시연은 가문의 자랑이자 지역의 자부심이며 영남의 대경사인 것이다. 더군다나 헌관의 임무를 띤 시인에게 있어서는 더할 나위 없이 영광된 일이다.

다음은 이때 함께 했던 귀음龜陰 김광수金光壽(1801~1871, 자 맹실)가 차운한 마지막 시만 살펴보기로 한다.

예전 중조의 은자를 생각하니	憶昔中條隱
바위 위에 이 정자를 지었네	架巖結此亭
청풍의 정신은 어느 곳에 있는가	淸風何處在
산수가 기이한 형상 드러내네	山水露奇形

중조中條의 은자는 당나라 때의 시인 사공도司空圖를 말한다. 그는 만년에 벼

슬을 사퇴하고 중조산中條山 왕관곡王官谷에 정자를 짓고 은거하면서 그 정자를 휴휴정休休亭이라 일컬었다. 휴휴정은 만휴정과 같은 의미를 지니고 있다. 그러므로 1,2구에서 이를 언급한 것이다. 그러나 사공도가 지은 휴휴정에는 주변 경관만 빼어날 뿐 만휴정처럼 청백의 정신은 찾기 어렵다. 그러므로 시인은 만휴정이 가지는 독특하고 특별한 점을 짧은 시구에 담아 만휴정의 아름다운 자연환경에만 매몰되지 말고 만휴정에 담긴 인문 정신을 함께 향유해야 함을 강조하고 있다. 김광수에 있어서 만휴정은 스트레스를 치유할 수 있는 치유의 장소이자 명상의 공간으로 활용하고 있다.

추모追慕를 통한 사림들의 교류

우리는 앞에서 1868년에서 영남지역 사림들이 모인 연시례에 참여한 일원 중에 일부가 만휴정 유람을 한 사실을 확인하였다. 이들 시회에 이어서 16년 뒤에는 이곳 만휴정에서 수계修禊가 있었다. 수계는 왕희지王羲之가 당대의 명사 40여 명과 함께 음력 3월의 첫 번째 사일巳日, 즉 상사일上巳日에 회계산의 난정에 모여서 재앙을 쫓기 위해 물가에서 지낸 제사로, 왕희지王羲之의「난정집서蘭亭集序」에 "모춘暮春의 초엽에 회계산會稽山의 난정에 모여 를 치렀다."라고 한 데서 비롯되었다.

「晩休亭修禊序」

수계의 일을 자세하게 기록해 놓은 긍암肯菴 이돈우李敦禹(1807~1884)의「만휴정수계서晩休亭修禊序」가 고문서의 형태로 남아 있어 자료적 가치가 매우 높다.

16년 뒤 계미년에 마침 일 때문에 다시 산문山門을 지나게 되었다. 계부季父를 모시고 동인同人 상사上舍 김유용金幼用과 우인友人 김덕조金德祖와 함께 또다시 이곳에 올랐다. 산이 더욱 높고 물이 더욱 맑았으며 세 폭포가 연못을 이루어 구비마다 더욱 기이하였다. 정자가 그 위에 있었는데 새가 놀라 날개를 펼치는 듯하고 꿩이 날아가는 것 같아 예전의 유람이 제대로 된 유람이 아니고 우리 고을 제일의 산수임을 알았다. 기이하고 기이하다. 다만 서원이 무너져 황량하게 되었고, 정자도 인가에서 멀리 텅 빈 골짝에 위치하여 관리할 사람이 없어 제 모습을 잃었다. 이것은 자손들의 근심일 뿐만 아니라 우리 사림士林의 책임이다. 동지와 명류들이 서로 논의하여 각자 10문文의 돈을 부담하기로 하는 수계의 안을 마련하였다. 또한 원근의 뜻을 함께 하는 자들에게 알려 속속 끌어들여 해마다 자산을 불려 이 정자를 보호할 바탕으로 삼았다. 모두가 "서문이 없을 수 없다"라고 하며 나에게 서문을 부탁하였다. 이에 빨리 글을 지어 산중고사山中故事를 갖출 따름이다.

이 서문은 이돈우가 1883년 7월 28일에 지은 것이다. 앞에서 언급했듯이 그는 1868년 4월에 거행된 연시연에 헌관의 자격으로 묵계서원에 왔다가 만휴정을 유람한 적이 있다. 그러다가 16년 뒤인 1883년에 이곳을 다시 찾게 되었다. 그는 77세의 노령에도 불구하고 계부季父 이수경李秀慶을 모시고 상사上舍 김기선金驥善(1806~1883)과 우인友人 김덕조金德祖와 함께 만휴정을 올라 이곳의 승경을 만끽한 다음 만휴정을 유지하고 보수하는 목적으로 각자 10문文의 돈을 추렴키로 수계를 하였다.

함께 한 이들에 대해서 간략하게 소개하기로 한다. 먼저 이수경은 대산 이상정의 증손자이고 면재俛齋 이병운李秉運의 셋째 아들로 병산서원 원장을 역임하기도 하였다. 김기선은 자가 유용幼用, 호가 기서沂墅, 본관이 안동이다. 의성 점곡 사촌리에서 출생하였으며, 아버지는 김양식金養植이고, 어머니는 의성김씨 김곤수金坤壽의 딸이다. 그리고 김헌유金憲裕의 자가 덕조德祖이다. 의성 점곡에서 살았으며, 아들이 독립운동가인 김담수金壽聃(1852~1896)이다.

이돈우는 기이하고 기이한 만휴정이 안동지역에서 가장 멋진 자연환경임을 천명하였다. 그러나 부서지고 훼손된 만휴정의 모습을 보고 이것은 자손들만의 걱정일 뿐만 아니라 안동 사림 전체의 책임이기 때문에 뜻이 맞는 여러 명류名流들과 함께 만휴정에 모여 원우院宇를 보수하기로 결정하였음을 밝히고 있다. 이는 만휴정이 수계의 장소로 활용되었고 향후에도 지속적인 교류를 약속한 모임이기도 한 것이다. 한산이씨와 의성김씨, 그리고 안동김씨(선김)와의 만남이다. 이는 만휴정이 타 가문과의 통섭적 기능을 열어줌과 동시에 향후 폭넓은 교류를 위한 네트워크 형성의 구심점이 되었음을 의미한다.

이돈우의 수계에서는 이름이 소개되지 않았지만 당시의 수계에 지려芝廬 김상수金常壽(1819~1906), 아산鵝山 류윤문柳潤文(1824~1893), 류건호柳建鎬 등도 함께

김성근金聲根이 찬한 「만휴정기晩休亭記」 한국국학진흥원 소장

하였음을 알 수 있다. 김상수의 자는 계항季恒, 호는 지려芝廬, 본관은 의성이다. 김굉운金宏運의 아들로 김대진金岱鎭의 문하에서 수학하였다. 그리고 천전 출신 직곡直谷 김경식金敬植(1829~1905)이 만휴정수계 시축에 차운한 시가 있는데, 아마 이때 지은 시가 아닌가 한다. 김경식은 자가 중직仲直, 별호가 운초雲樵·목림거사牧林居士이고, 본관은 의성이다.

우리는 위에서 만휴정에서 수계修禊가 있었음을 확인하였다. 이는 보백당을 배향한 묵계서원의 사당이 허물어져서 임시적으로 만휴정에서 보백당의 제사를 지내고, 원우를 중수하기 위한 대책모임이기도 한 것이다. 이것은 만휴정이 추모의 공간으로 활용되었음을 의미하는 매우 중요한 단서이다. 만휴정이 추모 공간으로 활용된 예는 김성근金聲根(1835~1919, 字 仲遠, 號 海士)의 기문을 통해 더 구체적으로 드러난다.

▲목계서원 읍청루
▼목계서원 청덕사

김성근은 임인년(1902) 중양절에 족증손族曾孫 김택진金澤鎭(1875~1924, 字 箕八)과 함께 만휴정에 들렀다. 그가 지은 「만휴정晩休亭記」를 살펴보기로 한다.

> 생각건대 나의 방조傍祖 보백당 선생은 학술과 덕망으로 성종조成宗朝에 급제하여 사간원·사헌부·홍문관·승정원·성균관·이조에서 벼슬하였으니, 이것은 벼슬에 나아갈 만해서 벼슬한 것이다. 직도直道로써 임금을 섬기다가 위태로운 환란을 만나 벼슬에서 물러나 은거하여 원학猿鶴을 벗 삼고 자연을 즐기며 성리서性理書를 연구하며 수복壽福을 유지하였으니, 이것은 물러나 쉴만해서 물러난 것이다. 그 조만早晩의 행적을 살펴보면 실로 의리에 합당하다.

위 기문은 누정기에 속한다. 누정기 가운데 가장 많은 부분을 차지하는 것이 누대와 주거에 관한 것이다. 누대에 대한 기문은 주변 승경의 묘사와 현실의 번다함을 떠난 공간에서의 정신적인 휴식의 감회를 적은 글이다. 누정은 거의 산천의 전망이 좋은 승경에 자리하고 있는데 향유층은 주로 사대부로서 관리나 시인묵객들이다. 이들은 누정에서 유흥을 즐기고, 자연풍광을 감상하면서 심신을 수양하며, 시문으로 교유하였다. 따라서 작자는 주변 경관의 묘사와 유흥의 즐거움을 기술한다. 또한 일반적으로 누정기는 기사記事, 사경寫境, 의론議論의 요소를 갖추게 된다. 기사記事는 건물의 위치와 소요된 경비와 시간 등 객관적인 사실을 기록하는 것이다. 사경寫境은 건물 주변의 산수 경물에 대해 서술하는 것이고, 의론은 건물이 짓게 된 경위와 명칭과 관련된 논설이다. 위의 형식에 비추어보더라도 일반적인 기문은 먼저 해당 정자의 자연적 요인 및 건립 연도와 건립 배경 등을 서술하고 나서 정자를 건립한 인물에 대해서 다루는 이른바 선경후인先景後人의 형식을 취하고 있다. 그러나 이 기문은 의론에 해당되는 보백당의 인물됨에 대해서 먼저 기술한 다음 정자의 소박한 모습에 대해서 다루는 선인후경先人後景의 방식을 취하고 있다. 게다가 일반적으로 기문 서두에 와야 할 배경 등의 기사記事 부분이 기문 말미에 위치해 있는 점 등은 일반적 누정기의 글쓰기 방식을 벗어난 형태라고 할 수 있다.

> 永嘉(안동)의 묵계默溪는 일찍이 내가 오가면서 노닐고 완상하던 곳이다. 그 가운데 한 오묘한 구역이 있는데 정자가 송암 골짝 사이에 우뚝 솟아 있다. 이 정자는 보백당께서 신유년(1501) 이후 노년을 보낼 계획으로 정자를 지어 이름 붙인 것이다. 왼쪽에는 쌍청헌雙淸軒이 있는데 편액의 글씨가 아직도 청신하다. 앞쪽에는 청덕사淸德祠가 있는데 후인들이 경모하는 곳이다. 지금 이 정자에 올라보니 시냇물과 골짜기의 초목들이 아직도 정채로운 빛을 발산하고 있으며, 높은 소나무와 바람 소리는 백세의 맑은 풍모를 우러러볼 만하고, 흐르는 폭포가 소를 이루니 실제 학문의 연원淵源을 상상할 수 있다.
> 아! 진공晉公의 녹야당綠野堂과 찬공贊公의 평천장平泉莊은 모두 장상將相의 부귀를 극진히 누렸으니, 그 물러나 거처할 적에는 사치스럽고 화려함을 면치 못할 것이라 생각되는데, 어찌 이 정자에서 휴식하던 날에 남은 벼슬과 녹봉을 버리고서 그윽하고 상쾌한 곳에서 청렴결백을 지키던 것과 같겠는가? 간혹 정자가 폐하고 흥하는 변동이 있었으나, 후손들은 떠받들고 보호하여 없어지지 않도록 하라.

김성근은 보백당이 신유년(1501) 이후로 노년에 휴식을 취할 계획으로 만휴정을 짓게 되었으며, 만휴정의 전체적인 구조에 있어서 왼쪽에는 쌍청헌이 있고 앞쪽에는 청덕사淸德祠가 있었음을 언급하고 있다. 우리가 여기서 눈여겨봐야 할 것이 바로 청덕사이다. 청덕사는 묵계서원 사당의 명칭이다. 주지하다시피 묵계서원은 안동시 길안면 묵계리 705번지에 위치해 있으며, 1706년(숙종 32) 사림들이 보백당 김계행과 응계凝溪 옥고玉沽(1382~1436)를 봉향하기 위해 창건하였다. 변천 과정을 살펴보면, 1689년에 묵계서당을 건립하여 1696년 정사精舍로 되었다가 1706년에 사당인 청덕사 편액을 걸게 되었고, 명칭을 묵계서원으로 정하였다. 그로부터 6년 뒤인 1712년에 재와 누, 주사 및 출입과 담장이 모두 완성이 되었는데, 누는 읍청루挹淸樓, 재는 극기재克己齋, 당은 입교당立敎堂, 출입문은 진

묵계서원 편액

입교당 편액

극기재 편액

덕문進德門이다. 이로부터 서원으로서의 온전한 모습을 갖추게 되었다. 그러나 1871년(고종 8) 흥선대원군의 서원 철폐령으로 훼철되었다가 1998년 봄에 현 보백당 종손이었던 김주현 전 교육감의 정성으로 복원되어 오늘에 이르고 있다. 서원 옆에는 최근에 건립된 보백당의 신도비와 비각이 있다.

　김성근의 언급을 바탕으로 상황을 유추해 보면 1871년 묵계서원이 훼철됨으로 인해 1895년에 제사 기능을 제외한 교육의 기능만을 담당하는 서당을 지어 후학들을 양성하였다. 그리하여 보백당을 추모하는 별도의 장소가 필요했던 탓으로 청덕사 편액을 만휴정으로 옮겨 사당의 기능을 겸하도록 한 것으로 보인다. 이때 위패를 모신 작은 사당을 새로 건립한 것인지, 만휴정 내의 방 한 칸을 활용하여 사당으로 사용한 것인지는 자세하지 않다. 이와 관련한 면밀한 고증이 필요하리라 본다. 여기에서 중요한 것은 묵계서원이 복원되기 전까지는 만휴정이 수양과 학문 공간으로서의 역할 뿐만 아니라 제사 기능을 동시에 갖추고 있었다는 사실이다.

　김성근은 또 진공晉公의 녹야당綠野堂이나 찬황贊皇의 평천장平泉莊과 같은 호화스럽고 사치한 정자보다는 보백당이 벼슬에서 물러나 청백의 정신을 지키며 노년을 보낸 만휴정이 훨씬 더 좋다는 말을 전하고 있다. 그리고 후손들에게 보백당의 청백 정신이 서려 있는 만휴정을 경건하게 보호해야 함을 당부하고 있다. 진공晉公은 당唐나라 헌종憲宗 때 재상을 지낸 배도裵度를 말하고, 녹야당綠野堂은 그가 만년에 지은 정자이다. 배도는 헌종 연간에 도원수都元帥로서 오원제五元濟가 일으킨 회서淮西의 난을 평정하여 그 공으로 진국공晉國公에 봉해지고 벼슬이 중서령中書令에 이르렀는데, 여러 번 물러나려 하였으나 허락되지 않았다. 만년에 은퇴하여 낙양洛陽에 녹야당綠野堂을 지어 놓고 백거이白居易, 유우석劉禹錫 등과 함께 밤낮으로 시주詩酒를 즐기면서 세상의 일을 묻지 않았다고 한다. 찬황贊皇은 당唐나라 때 찬황백贊皇伯에 봉해진 이덕유李德裕를 가리킨다. 그는 일찍이 하남河南 낙양현洛陽縣 남쪽에 평천장을 세웠는데, 둘레가 40리이고 기이한 초목과 돌이 많아 그 경치가 선경仙境과도 같았다 한다.

영남선비들의 시회詩會

임천臨川을 유람한 지 40일이 되었는데, 난포蘭圃 김경립金敬立이 편지를 보내어 만휴정을 유람하자고 하였다. 정자는 그의 선조 보백당이 만년에 퇴휴한 곳이다. 쌍간雙澗(김익락金益洛)·청파晴坡(김진옥金振玉) 두 노인과 함께 지팡이를 짚고 오산梧山에 도착하니 비가 내려 김후약金厚若(김진육金鎭堉, 1853~?)의 처소에 묵었다. 다음날 후약厚若과 함께 저녁 안개를 뚫고 선당仙塘에 도착하니 경립敬立이 웃으면서 맞아주었다. 두릉杜陵에 사는 정덕삼鄭德三(정원달鄭源達, 1853~1924)이 소식을 듣고 먼저 와서 기다리고 있었다. 운하雲下(김구연金九淵)도 와서 함께 묵계서원에서 묵었다. 황량하고 폐허가 된 오랜 계단은 토규兎葵와 연맥燕麥의 감정을 견딜 수 없었다. 저녁밥을 먹고 나니 이동주李東洲(이중섭李中燮, 1875~1915, 자 舜佐)가 두암斗巖에서 뒤따라와서 서로 손을 잡고 만휴정으로 들어갔다.

위 인용문은 석오石塢 권병섭權秉燮(1854~1939)이 지은 만휴정 유람기이다. 서두에서 권병섭은 임천臨川을 유람한 지 40일 만에 다시 만휴정을 유람하였다고 하였다. 임천은 백운정白雲亭 아래 부연釜淵 일대를 말한다. 권병섭의 문집 『석오집』에는 이 유람기 바로 앞에 「임천주유기臨川舟遊記」가 실려 있다. 이 유람기 첫머리에 임자년(1912) 7월 16일(음력)에 소동파가 적벽 일대에서 뱃놀이한 고사를 모방하여 임천에서의 뱃놀이를 약속했다고 기록되어 있다. 7월 16일로부터 40일 뒤는 8월 26일(음력)이 된다. 이것이 권병섭 일행이 만휴정을 유람한 시기이다. 권병섭이 만휴정을 유람하게 된 계기는 만휴정 주인인 난포蘭圃 김학규金學圭(1852~1929)가 편지를 보내어 유람을 청했기 때문이다. 함께 유람한 이들은 약 11명 정도 되는데 성에 자를 붙인 경우, 성에 호를 붙인 경우, 자만 쓰거나 호만 쓴 경우, 실명을 쓴 경우 등 다양하다.

정자는 황학산黃鶴山 북쪽 자락의 폭포 위에 있었다. 시냇물은 산 아래에서부터 모든 돌들이 바닥에 깔려 있었고 모두 희고 매끄러운 돌이었으며, 끊어진 곳에는 흰 모래가 펼쳐져 있었다. 정자 아래에 (물이) 이른 뒤에 양쪽 기슭이 우뚝 솟아 있고 그 가운데가 비어 있어 문門을 이루었다. 물이 바위 위로 흘러내리다가 이곳에 이르러 문과 다투다가 급히 떨어져 성내고 노한 기세로 눈처럼 흰 폭포를 이루었다. 그 아래에는 커다란 솥 모양처럼 생긴 웅덩이가 검푸르면서도 깨끗하였다. 이러한 기세로 연달아 두 웅덩이가 이루어져 있는데 깊이와 넓이는 위의 것에 비해 조금 모자란다. 오랜 가뭄으로 폭포가 장엄하지 못했으나 장마 때가 되면 반드시 커다란 물소리를 내며 기이한 볼거리가 될 것이다. 서로 함께 亭에서 술을 마시노라니 국화가 반쯤 피었고 단풍도 들기 시작하여 조금 붉었으며 숲속의 새들은 사람을 향해 재잘거렸다. 날이 이미 저물었는데, 정자와 주방이 제법 멀어 음식을 운반하기가 매우 힘들었다. 바야흐로 음식을 내오는 사람들이 적어서 힘센 하인을 뽑아 음식을 머리에 이고 술병 하나씩 들고 오도록 하고서는 서로 함께 그 자리에서 술과 음식을 먹었다. 밤에 율시 한 수씩을 짓고 술도 몇 순배 마셨다.

본론 부분에서는 만휴정 주변 경관에 대해서 묘사하고 있다. 오랜 가뭄 때문에 폭포의 장관을 보지 못한 속내는 감추지 못한다. 그러나 중추절을 막 지낸 터라 국화가 피고 단풍이 들기 시작한다. 여기에 숲속에서는 새들이 아름다운 노래 소리를 들려주고 있다. 시인은 자연이 주는 선물에 도치되어 날이 저무는 줄도 모르고 있다.

권병섭은 저녁에 율시 한 수씩을 지었다고 기록하고 있다. 기문의 특성상 이때 지은 시를 따로 부기한 경우는 찾아보기 어렵다. 그런데 필자가 보백당 종가에서 기탁한 자료를 확인하는 과정에서 이때 지은 시축詩軸을 확인할 수 있었다. 시축의 제목은 「만휴정아집晩休亭雅集」이라 되어 있고, 칠언율시이기 때문에 압운자 5자(陽長香蒼觴)를 제목 옆에 행을 달리하여 기록해 놓았다. 그리고 함께 유람한 이들이 읊은 시를 순서대로 기록해 놓고 있다. 일행은 모두 11명으로, 7언율시

한 수씩을 지었다. 이 가운데 만휴정 유람을 초청한 난포 김학규와 초청을 받은 석오 권병섭의 시만 감상하기로 한다.

저 멀리 선학이 석양에 내려오니	仙鶴迢迢下夕陽
가을에 해가 다시 길어져 보이네	秋天復見日舒長
단풍잎이 떨어져서 푸른 산이 앙상하고	丹楓葉落靑山瘦
국화꽃이 피어서 막걸리가 향기롭네	黃菊花開白酒香
집안에 전해지는 천석은 맑고도 희며	泉石傳家淸且素
세월 겪은 의관은 오래되어 창연하네	衣冠閱世老而蒼
선조의 쇄락한 정자에 여러 현인 모여서	先亭瀟灑群賢集
벗에 대한 깊은 정에 잔을 띄워 마시네	雲樹深情曲水觴

위 시는 보백당의 15대손인 난포蘭圃 김학규金學圭(1852~1929)가 지은 것이다. 7언율시의 정격으로 앞의 네 구는 경치와 문물을 묘사하였고, 뒤의 네 구는 작자의 정감을 담았다. 먼저 수련(1·2구)의 묘사가 빼어나다. 시간적 배경은 저녁 무렵이고 계절적 배경은 가을이다. 가을은 해가 점차 짧아지는 시점에 해당한다. 그러나 시인은 석양 무렵에 내려앉는 학의 밝은 색채로 인해 가을 하늘의 해가 조금 길어져 보인다고 하였다. 시야에 들어온 순간적 이미지를 놓치지 않고 센스 있는 기치로 담아내어 시적 분위기를 고조시키고 있다. 함련(3·4구)에서는 단풍잎이 떨어지는 산의 모습과 국화꽃을 바라보며 막걸리 마시는 전경을 묘사하고 있다. 경련(5·6구)에서는 색채의 대비를 통해 시상을 전개하면서도 청淸과 소素의 시어를 통해 천석의 모습뿐만 아니라 보백당의 청백 정신과 검소한 생활을 함께 담아내는 중의적 표현법을 쓰고 있으며, 오랜 세월 속에서도 명맥을 유지해온 문물의 고색 찬연함을 길이 기리고 있다. 마지막 미련(7·8구)에서는 여러 벗들과 함께 선조先祖 보백당이 지은 정자에서 보백당의 높은 학덕과 청백의 정신을 떠올리고 있다.

寶白堂晚休亭泉石 글씨

또 김학규는 보백당의 청백 정신을 기려서 청산과 백수에 빗대어 노래하고 하였는데,「백수청산가」가 그의 문집 권1의 마지막에 실려 있다. 이 노래는 기사년 4월 27일 정오가 노래한 것이다.

    白水야네가무슨白水냐우리할빈白水이지
    靑山아네가무슨靑山인냐우리할빈靑山이지
    靑山白水말근길노우리할빈싸라가노라

    백수야 네가 무슨 백수냐 우리 할배 백수이지
    청산아 네가 무슨 청산이냐 우리 할배 청산이지
    청산 백수 맑은 길로 우리 할배 따라가노라

다음은 초대받은 석오石塢 권병섭權秉燮(1854~1939)이 읊은 시이다.

산 남쪽에 위치한 깨끗하고 이름난 정자	名亭瀟灑枕山陽
지친 길손이 서풍 맞으며 길이 경모하네	懶客西風景慕長
노년에 선계의 모임을 원만하게 이루어	末路洽成仙界會
동자들도 예전의 향기를 넉넉히 맛보네	秀童剩帶古田香
시내 바위에 천년토록 흰 폭포가 쏟아지고	溪巖噴瀑千年白
산의 숲에 팔월의 푸른 구름이 머무네	林岫留雲八月蒼
하늘이 노년에 풍류를 한 번 빌려주어	衰暮風流天一借
백발노인들이 서로 웃다가 술을 마시네	白頭相笑更傳觴

　권병섭은 김학규의 선경후정先景後情의 표현법과는 상반되게 선정후경先情後景의 기법을 사용하고 있다. 1·2구에서는 8월 26일 저녁 바람을 맞으며 만휴정에 올라 보백당의 정신을 길이 경모하고 있다. 3·4구에서는 노년에 이룬 선계의 모임을 이루었음을 흡족해하고 있다. 이는 만휴정에서의 모임을 통해 노인들과 젊은이들이 보백당의 정신을 함께 공유하고 호흡하며 교류의 폭을 확대해갔음을 의미한다. 5·6구의 대구가 매우 일품이다. 특히 5구이 표현법은 예사롭지 않다. 시인은 바위 위를 흐르는 세찬 물줄기의 순행적인 모습을 마치 바위가 물거품을 내뿜는 것처럼 역발상적인 표현법을 쓰고 있다. 그것도 순간적이지 않고 천년 이상의 지속적인 자연현상을 시적 감흥으로 담아내고 있다. 이는 바로 보백당의 청백 정신이 쉼 없이 흐르는 시냇물처럼 오랜 세월을 거쳐 면면히 이어지고 있음을 의미한다. 시인은 노년에서나마 젊은이들과 정신적 교감을 함께 할 수 있음에 감사해하고 있다.

　이외에도 국학진흥원에 기탁된 보백당종가 고문서에는 만휴정 시축이 몇 종류 더 있는데, 20여 명의 선비들이 참여한 시회詩會가 있었고 심지어 56여 명이 넘는 선비들이 시회를 연 경우도 있었다.

07

묵계서원과 묵계 종택

묵계서원

    묵계서원默溪書院은 안동시 길안면 묵계리 705번지[충효로 1736-5]에 위치하고 있으며, 1706년(숙종32) 士林들이 보백당寶白堂 김계행金係行(1431~1517)과 응계凝溪 옥고玉沽(1382~1436)를 봉향하기 위해 창건되었다. 변천 과정을 살펴보면, 1687년에 묵계서당을 건립했다가 1696년 묵계정사默溪精舍로 되었는데, 밀암 이재의 「묵계정사상량문」에 묵계정사가 삼한三韓 문헌文獻의 장소가 될 수 있다는 가능성을 열어두었다. 여기에서의 문헌은 지금의 전적만을 가리키는 것이 아니고 전적과 현인 모두를 말한다. 이후 1706년에 사당인 청덕사에 두 분의 위패를 봉안하여 처음으로 제를 올렸는데, 이때가 완성된 묵계서원의 모습이 갖춰졌다. 그러다가 1719년 8월에 조정의 명으로 서원의 신설을 금하였기에 사림에서 운천雲川 김용金涌(1557~1620)을 함께 배향하기로 하였다. 이후 1770년에 읍청루를 중건하였다는 기록이 대산 이상정의 상량문에 기록되어 전하고 있다. 그러나 1869년(고종 6) 흥선대원군의 서원 철폐령으로 훼철되고 말았다. 1895년에는 사

김계행의 신도비 비각

김계행의 신도비

당 기능을 제외한 묵계서당으로 중건되었다. 1998년 강당과 함께 문루인 읍청루挹淸樓, 진덕문進德門, 동재東齋 등이 복원되었다. 묵계서원 옆에는 최근에 건립된 김계행의 신도비와 비각이 있다.

묵계서원의 강당은 정면 5칸, 측면 2칸의 기와로 된 팔작지붕집이고, 중앙의 3칸 우물마루를 중심으로 좌우에 온돌방을 둔 중당협실형中堂挾室形의 일반적인 평면 형태를 취하고 있다. 묵계서원 좌측의 주사는 창건 당시의 유일한 건물로 정면 6칸, 측면 5칸의 'ㅁ'자형 건물이다. 묵계서원은 안동김씨 묵계 종택과 함께 1980년 6월 17일 경상북도 민속자료 제19호로 지정되었다.

훼철되기 이전의 묵계서원 건립 과정에 대해서는 류극화柳克和가 찬한「묵계서원창건기」에 잘 나타나 있다.

> 삼가 살펴보건대, 우리 세종조에 응계凝溪 옥 선생玉先生이 이미 본부本府의 통판通判으로 있으면서 은택을 끼친 것이 있었고, 연산조에 보백당寶白堂 김 선생金先生이 또 벼슬을 그만두고 묵촌默村에 은퇴하여 여운餘韻을 남긴 것이 있었는데, 병화를 겪어 학숙學塾과 서사書舍가 없게 되었다. 숙종 정묘년(1687)에 온 고을의 사림士林이 만송晩松과 호담壺潭에 서당을 세우자고 의논하여 두 서당으로 나누어 설치하였다. 강산의 경치가 호담이 뛰어났는데, 이재李栽가 만송을 맡아 서당을 넉넉하게 짓고 학자들을 모아, 봄가을로 강송講誦하였다. 온 고을의 장로長老들이 비로소 두 현인을 숭봉崇奉하자는 의논을 하였고 호담 가에 제사를 올리는 장소를 세우기로 하였다. 옥세보玉世寶와 김중망金重望에게 그 일을 주관하도록 부탁하여 기사년(1689) 봄에 일을 시작하였다. 신사년(1701) 3월에 갈암葛庵 이 선생李先生이 그 아들 밀암密菴 재栽와 함께 와서 그 터를 살펴보고 강산의 승경勝景을 좋아하여 근체시 4운韻을 읊조리고 호담 가에 걸어나가 조용히 감상하였다. 또 짧은 시 한 수를 읊조리니 자못 한때의 훌륭한 일이었고 다시 모이기를 기약하였는데, 얼마 안 되어 선생이 갑자기 후학을 버리고 세상을 떠나니, 사문斯文의 불행함이 어떠하겠는가. 7월에 사림이 온 고을에 편지를 보내 비로소 사당을

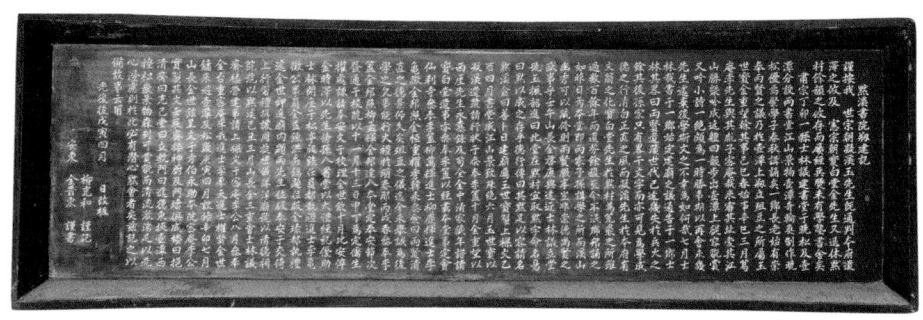

류극화가 지은 묵계서원창건기

세우는 의논을 정하고 온 고을의 사림에게 통고하였다. 그 글에 이르기를, "두 현인의 유적은 세대가 이미 멀고 대부분 병화를 입었습니다. 그 후손의 집에는 다만 약간의 글만 있을 뿐이지만, 또한 학문을 하여 덕을 이룬 행실과 청백하고 정직한 풍도를 볼 수 있습니다. 응계 선생은 본부에 문옹文翁의 교화가 있었고, 보백당 선생은 묵계촌을 도구菟裘의 장소로 여겼습니다. 비록 몇백 년이 지났으나 남은 향기가 지금까지도 사라지지 않아 고을에서 어제처럼 칭송하고 있습니다. 본 서당은 바로 두 현인의 자손들이 강학하던 곳이고 산수가 그윽하고 빼어나니 학문을 닦을 수 있습니다. 그렇다면 두 현인을 제사하는 것이 어찌 덕을 숭상하고 현인을 숭상하는 성대한 일이 아니겠습니까." 하였다. 임오년(1702)에 산장山長 김계강金啓康이 원근의 사림과 더불어 서당의 명칭을 논의하였는데, 옥진소玉振韶가 나아가 말하기를, "이 서당은 묵촌에 있으니 마땅히 묵默 자를 취하여 이름을 붙여야 합니다. 『주역』에 이르기를, '묵默으로써 이루어 덕행을 보존한다.' 하였고, 전傳에 이르기를, '침묵으로 자기 몸을 보전할 수 있다' 하였으니, 묵계默溪라고 이름하기를 청합니다." 하니, 모두 말하기를, "좋습니다."라고 하였다. 날을 정하여 묘우廟宇를 세우고 옥세보에게 상량문을 짓도록 부탁하였다. 을유년(1705) 4월에 서당이 이루어지니 강산의 경치가 매우 빼어났다. 6월에는 옥세보가 응계의 유적을 가지고 참봉 이보李簠에게 행장行狀을 청하였고, 10월에는 김중망이 서애 선생의 『영모록』과 구전苟全 김중청金中淸이 집에 보관한 『연보』를 가지고 참봉 이보에게 유사遺事를 청하였다. 서당의 본체를 경영하는 일을 정하기 위해 사찰에 모였는데 참봉 이보李簠·유만휘柳萬輝, 진사 류경휘柳慶輝, 진사 이구징 李龜徵·김방조金邦照·김항중金恒重·권수한權秀韓이 와서 참여하였다. 첨존들이 말하기를, "두 현인의 맑고 올곧은 덕을 오랫동안 우러러 사모하였으나 제사를 올리는 의식을 지금까지 거행하지 못하였으니, 진실로 후학의 흠사欠事가 됩니다. 내년 봄에 대례大禮를 행할 수 있겠습니까?" 하였다. 병술년(1706) 봄에 참봉 이보李簠, 김방조金邦照, 류맹휘柳孟輝, 김방달金邦達이 본 서당에 들어와 봉안할 절차를 정하고 향교와 서원에 통지하여 11월 13일 중정일中丁日로 정하였다. 유생 권처겸權處謙이 교리 김세흠金世欽에게 봉안문을 청하였다. 10월에 비안현감 김시택金時澤이 선생의 방손傍孫으로 서당에 들어와 대례大禮를 치르는 일에 넉넉하게 부조하였고 사림들은 송정에 자리를 깔았다. 파록 임원爬錄任員으로 도집례에 진사 이구징李龜徵, 공사원公事員에 김익련金益鍊·홍우석洪禹錫, 위판의 글씨는 김소金璵가 맡았다. 도집례를 김세갑金世鉀으로 교체하여 사당 안으로 들어가서 두 선생의 위판을 쓰고 교자상 위에 봉안하여 습례習禮를 행하였다. 읍양揖讓하고 주선周旋하는 예의禮儀가 성대하였다. 묘호廟號는 청덕사淸德祠라 하고 원호院號는 묵계默溪라 하였다.

기축년(1709) 3월에 산장山長(원장) 김삼중金三重이 사림들을 모아 재재齋와 누루樓를 짓는 일을 의논하고 밀암密菴 이공李公에게 상량문을 청하였다. 8월에 참봉 김태중金台重, 밀암 이재李栽, 진사 이후천李厚天, 진사 권찬權瓚, 김세용金世鏞이 호담壺潭과 송암松巖을 유람하였다. 경인년(1710) 4월에 설접設接하였다. 신묘년(1711) 7월에 산장 김세현金世鉉이 방백에게 글을 올려 서원 건립을 도와줄 것을 청하였는데, 밀암 이공이 실로 그 글을 지었다. 임진년(1712)에 재와 누와 신주神廚 및 문장門牆이 모두 완성되었다. 누각은 읍청揖淸, 재재는 극기克己, 강당은 입교立敎, 문은 진덕進德이라 하였다. 동쪽으로는 호담을 끼고 있고 서쪽으로는 송암松巖을 끼고 있으며, 풍광이 길게 늘어서 있어 감상할 만하고 맑은 물결과 세찬 물결은 마음을 씻고 생각을 맑게 하기에 충분하니, 여기에서 반드시 마음을 침잠하고 묵묵히 이해하는 것이 있을 것이다. 이에 기록하여 고사故事를 갖출 따름이다.

위 인용문에서 갈암 이현일이 1701년에 3월에 묵계서당에 와서 율시를 지었다고 하였는데, 이현일의 문집에 이 시가 실려져 있어 옮겨보기로 한다. 제목은 「신사년 늦봄에 묵계서당에 노닐며[白蛇暮春 遊默溪書堂]」이다.

벗들과 함께 말에 몸 맡겨 진경 찾아 나서니	携朋信馬爲尋眞
버들은 푸르고 꽃은 붉어 봄도 저물려 하네	柳綠花紅欲暮春
산천을 시로 음미하며 명승고적에 머무노니	吟賞湖山留勝跡
풍월을 시로 품평할 사람은 다시 누구런고	品題風月更何人
맑은 물 출렁이는 호담은 끝없이 깊지만	壺潭漾漾深無底
벼랑에 걸린 돌길은 발을 붙일 길이 있어라	石磴懸崖路有因
종일토록 이곳에 올라 보매 맑은 흥이 많아	盡日登臨淸興足
이제부턴 곧장 시끄러운 속세를 떠나고파라	從今直欲謝囂塵

갈암 일행이 묵계서당에 유람한 것은 정확히 1701년 3월 21일이었다. 이후 『대학大學』·『논어論語』·『중용中庸』·『서명西銘』·『옥산강의玉山講義』등의 서책을 강론하고 시를 읊조리며 지내다가 4월 29일에 금양, 즉 지금의 금소로 돌아갔다. 이때의 일을 송와松窩 안명하安命夏(1682~1752)가 그의 일기에 낱낱이 기록하였다. 안명하는 경남 밀양에서 생장하였는데, 20세의 젊은 나이에 갈암 이현일의 가르침을 받기 위해 멀리 안동 금소로 왔다가 갈암을 모시고 이곳 묵계서당에서 함께 유숙하며 서책을 배우고 시도 읊조렸다.

제목은 「묵계서당에서 선생의 시에 공경히 차운하다[默溪書堂 敬次先生韻]」이다.

드론으로 촬영한 안동김씨 묵계 종택 전경

동농 김가진이 쓴 용계당 편액

강산에서 더딘 날 흥취 참으로 맞았었고	遲日江山興自眞
지팡이 짚고 봄 찾아 우연히 만났었네	徐徐杖屨偶尋春
앞 냇물의 꽃과 버들로 함께 흐르며 즐겁고	前川花柳同流樂
물을 거슬러 바람의 풍경을 읊조리며 돌아왔네	泝水風光歸詠人
골짜기에 올라가 과거에 급제하려 하였고	赴壑源泉科必進
먼지와 푸른 절벽을 넘어갈 길 없었네	超塵蒼壁躡無因
이번 행보는 한가한 경치를 훔치려는 것이 아니오	此行不是偸閒景
평생 가득한 마음의 먼지를 씻어 버리려는 것이네	擬滌平生滿肚塵

이때 안명하와 함께 묵계서당에서 시를 읊고 학업을 익힌 이들은 김세용金世鏞(1673~?, 본관 의성, 자 鳴于), 김세단金世鍴(1677~?, 본관 의성, 자 汝固), 김성탁(金聖鐸, 1684~1747, 본관 의성, 자 振伯), 김근행金謹行(자 仲愼), 안세장安允章, 이덕보李德父 등이었다. 안세장과 이덕보는 이름이 아니고 자이다. 이름은 확인되지 않는다.

묵계서원 옆에는 안동김씨 묵계 종택이 있는데, 이 종택은 대문간인 행랑채, 사랑채, 안채, 별채인 보백당 및 가묘家廟로 구성되어 있다. 행랑채는 솟을대문을 중간에 두고 정면 5칸, 측면 1칸의 맞배 지붕집이다. 행랑채엔 하인들이 거주하던 공간으로 지금은 창고로 활용되고 있다. 대문을 들어서면 정면에 사랑채가

종택 서편에 위치한 보백당

이만규가 지은 보백당중수기

보이는데 이곳은 주로 종손을 위시하여 남자들이 거처하며 외부 손님들을 맞이하거나 독서하던 공간이었다. 사랑채 처마 아래에는 용계당龍溪堂이라는 편액이 걸려 있는데, 용계는 보백당의 8대 종손인 김중망金重望의 호이다. 글씨는 동농東農 김가진金嘉鎭(1846~1922)이 썼다. 김가진의 조선 말기의 문신으로 보백당의 방후손으로, 한학과 서예에 뛰어났다. 사랑채 옆에는 종부를 포함하여 주로 여성들이 거주하던 안채로 들어가는 출입구가 있다. 안채는 'ㅁ'자형의 전형적인 경상북도 안동 지역의 주택 건물로 정면 6칸, 측면 6칸으로 규모가 큰 편이다.

안채에서 나와 오른편으로 돌아보면 별채인 보백당이 있는데, 보백당은 정면 3칸, 측면 2칸 홑처마 팔작지붕집이다. 좌측에 4칸의 대청과 우측에 2칸 온돌방으로 구성되어 있다. 지붕 아래에 '보백당' 편액이 걸려 있는데, 이 또한 김가진의 글씨이다. 대청의 옆과 뒷면에 바라지창을 달았는데 여닫이창이 일반적인데 비해 보백당은 미닫이로 하였다. 보백당은 원래 소산2리에 있었던 것을 이곳으로 옮겨 온 것이다. 대청에는 범암汎庵 류연즙柳淵楫(1853~1933)이 1915년에 지은 「보백당 중건 상량문」과 향산 이만도의 아우인 유천 이만규가 지은 「보백당 중수기」가 걸려 있다.

가묘는 정면 3칸, 측면 1칸으로 이루어져 있다. 주위에 낮은 담장을 둘러쌓아 놓았으며, 채색하지 않은 홑처마 맞배지붕의 소박한 건물이다.

08

보백당의
청백 정신
이어가고
지켜내기

만휴정은 안동지역 정자의 백미이다. 배산임수의 빼어난 자연경관을 소유하고 있을 뿐만 아니라 청백이라는 정신문화의 가치를 지닌 채 시대적 변천을 통하여 특정한 기능에 제한되어 있지 않고 다양한 형태로 변모되어 나타나고 있다. 게다가 위에서 살펴보듯이 만휴정은 계회契會, 연시례延諡禮, 시회詩會, 추모追慕의 공간임과 동시에 영남 사인들의 교류의 폭을 넓혀가는 장소로도 활용되었다. 또한 종회宗會, 동회洞會를 위한 장소로도 활용되었을 뿐만 아니라, 향음주례 등 관청의 각종 행사 장소, 교유 집단의 형성 근원지, 제영題詠을 통한 문학적 교감의 장소 등으로도 그 기능이 활용되기도 하였다.

　　1790년에 만휴정이 중건된 이후로 이곳을 찾은 명유거공名儒巨公들은 자기 나름의 방식으로 만휴정의 자연환경과 인문환경을 담아내었다. 이러한 현상은 1868년, 1883년, 1902년, 1912년에 걸쳐 지속 반복적으로 나타나고 있다. 지면상에 다 담아내지는 못했으나 1912년 이후에도 시회를 통한 교류는 보백당 가문을 넘어선 타 가문 타 지역 더 나아가 영남 전체로 확대되어 나타나고 있다. 이런 현상은 여타의 정자에서 흔히 접할 수 있는 요소가 아니다. 하나의 정자라는 매개체를 바탕으로 많은 사람들이 지속적으로 그 속에 담긴 정신을 경모한다는 것은 정자로서의 단순한 기능을 넘어선 정신적 헤게모니가 더 큰 작용을 하고 있음은 물론이다.

　　보백당의 상징은 청백淸白에 있음은 위에서 충분히 살펴보았다. 청백은 예전 관리들이 최우선적으로 여긴 미덕이었다. 그래서 조선시대에는 정승 반열에 오르기보다 淸白吏에 녹선 되는 것을 더 영예롭게 여겼다.

　　다산 정약용은 『목민심서』에서 "청렴은 목민의 근본으로, 청렴하지 않으면서 백성을 잘 다스리는 사람은 없다."라고 하였으니, 이는 목민관의 최고 덕목을 청렴에 두었다. 오늘날에 있어서도 공직자가 국민에 대한 봉사자라는 소명 의식을 가지고 청렴을 가장 우선시하고 여기에 성실하고 근면하며 검소한 생활을 실천한다면 역사는 그를 훌륭한 청백리라 평가할 것이다. 보백당은 부귀와 영달에 얽매이지 않고 청렴결백한 목민관의 삶을 몸소 실천한 분이다. 이런 그의 청백 사상은 500년이 지난 오늘날에도 귀감龜鑑이 되고 있으며 후인들을 각성케 하고 있다.

또 2004년에 안동지역 유림들이 청백리인 응계 옥고와 보백당 김계행의 학덕을 기리기 위해 청분계淸芬稧를 입안하였다. 이는 비록 만휴정에서 이루어진 것은 아니지만, 정신적 맥락을 잇는다는 의미에서는 동일선상에 있다고 볼 수 있다. 애초에는 35명이 수계를 하였으나 점차 인원이 늘어나 2007년 88명으로 늘었으며, 지금까지도 그 명맥이 유지되고 있다. 성씨별 구성인원을 살펴보면 안동 김씨가 30인으로 가장 많으며, 이어 광산 김씨 7인, 의성 김씨 6인, 전주 류씨 5인이다. 그리고 순흥 안씨·재령 이씨·진성 이씨 각각 4인이고, 고성 이씨·안동 권씨·의령 옥씨·풍산 류씨가 각각 3인이다.

그러므로 보백당의 청백淸白 사상은 안동 김씨가 집안 대대로 전해야 할 교훈이요, 안동시민이 계승해야 할 정신이요, 대한민국이 수호해야 할 문화이다. 그러므로 보백당의 청백 정신을 면면히 이어가고 지속적으로 지키려는 노력이 필요하리라 여겨진다.

참고문헌

1. 원전자료

『呂氏春秋』, 『孔子家語』
李荇, 『新增東國輿地勝覽』
李明杰 編, 『嶠南樓亭詩集』
權秉燮, 『石塢集』, 《韓國歷代文集叢書》2124, 경인문화사, 1997.
金圻, 『龜窩集』, 影印標點《韓國文集叢刊》속95, 한국고전번역원, 2010.
金敬植, 『直谷集』, 《韓國歷代文集叢書》1517, 경인문화사, 1992.
金光壽, 『龜陰集』, 《韓國歷代文集叢書》1990, 경인문화사, 1996.
金常壽, 『芝廬集』, 안동대학교도서관 소장, 1970.
金養根, 『東埜集』, 影印標點《韓國文集叢刊》續94, 한국고전번역원, 2010.
寶白堂文集刊行所, 『寶白堂先生實紀』, 신흥인쇄소, 1984.
柳潤文, 『鵝山集』, 《韓國歷代文集叢書》1566, 경인문화사, 1992.
李敦禹, 『肯菴集』, 《韓國歷代文集叢書》1670, 경인문화사, 1999.
鄭樸, 『南屛集』, 《韓國歷代文集叢書》2488, 경인문화사, 1997.

2. 족보자료

義城金氏保功公派譜所, 『義城金氏保功公派譜』全 1987.
南氏大宗會, 『南氏大同譜』, 回想社, 1993.
安東金氏大同譜委員會, 『安東金氏世譜』, 回想社, 1982.
眞城李氏大宗會, 『眞城李氏世譜』, 1991.

3. 고문서

金聲根, 「晩休亭記」
李敦禹, 「晩休亭修稧序」,
李晩煃, 「寶白堂重修記」
未詳, 『寶白堂金先生延諡時日記』
_____, 「晩休亭雅集」

4. 논문 및 저서

권정원, 「字號를 통해 살펴본 李德懋의 삶의 지향」, 『東洋漢文學研究』第26輯, 동양한문학회, 2008.
김시황, 「보백당 김계행 선생의 생애와 유학사상」, 『동양예학』제29집, 동양예학회, 2013.
김학수, 「고문서를 통해 본 조선시대의 증시(贈諡) 행정」, 『고문서연구』23, 2003.
박명숙, 「보백당 김계행 선생의 학문과 문학」, 『동양예학』제29집, 동양예학회, 2013.
오용원, 「안동지방 누정문학 연구」, 『어문학』제83집, 한국어문학회, 2004.
이병주, 「성호 이익의 기문 연구」, 『동양문화연구』, 영산대학교 동양문화연구원, 2014.
이종호, 「안동문화권의 누정풍류 시론」, 『동방사상과 문화』제2집, 사단법인 동방사상문화학회, 2008.
최은주, 「영남사림들, 보백당을 추모하다」, 『동양예학』제29집, 동양예학회, 2013.
____, 『보물은 오직 청백뿐, 안동 보백당 김계행의 종가』, 예문서원, 2013.
황만기, 「청백정신이 피어나는 만휴정」, 『퇴계학』23집, 안동대 퇴계학연구소, 2015.
____, 「만휴정과 영남 선비들의 교류」, 『국학연구』33집, 한국국학진흥원, 2017.

안동
문화
100선
●②⑥

만휴정

초판1쇄 발행 2024년 12월 15일

기　획 한국국학진흥원
글쓴이 황만기
사　진 류종승

주간 조승연
편집·디자인 오경희·조정화·오성현
　　　　　　신나래·박선주·정성희
관리 박정대

펴낸곳 민속원
펴낸이 홍종화
창업 홍기원
출판등록 제1990-000045호
주소 서울 마포구 토정로25길 41(대흥동 337-25)
전화 02) 804-3320, 805-3320, 806-3320(代)
팩스 02) 802-3346
이메일 minsokwon@naver.com
홈페이지 www.minsokwon.com

ISBN 978-89-285-2047-3
ＳＥＴ 978-89-285-1142-6 04380

ⓒ 황만기, 2024
ⓒ 민속원, 2024, Printed in Seoul, Korea

이 책은 저작권법에 따라 보호를 받는 저작물이므로 무단전재와 복제를 금지하며,
이 책의 전부 또는 일부를 이용하려면 반드시 저작권자와 출판사의 서면동의를 받아야 합니다.